ESTADO DE DERECHO, CRECIMIENTO ECONÓMICO Y PROSPERIDAD

GRUPO DE TRABAJO DE LA AMERICAS SOCIETY
Y DEL COUNCIL OF THE AMERICAS

ESTADO DE DERECHO, CRECIMIENTO ECONÓMICO Y PROSPERIDAD

Antonia Stolper y Mark Walker, Co-Presidentes
Jason Marczak y Christopher Sabatini, Directores de Proyecto

Informe del Grupo de Trabajo sobre el Estado de Derecho,
patrocinado por la Americas Society y el Council of the Americas

Jorge Pinto Books Inc.
New York

Juntos, la Americas Society y el Council of the Americas congregan a líderes de opinión para intercambiar ideas y crear soluciones para los desafíos que enfrentan las Américas en la actualidad.

La Americas Society (AS) es el principal foro dedicado a la educación, el debate y el diálogo en las Américas. Su misión es promover la comprensión de las cuestiones políticas, sociales y económicas contemporáneas a las que se enfrentan América Latina, el Caribe y Canadá, y aumentar el conocimiento público y la comprensión de la variada herencia cultural de las Américas y la importancia de la relación entre los países americanos.[1]

El Council of the Americas (COA) es la principal organización comercial internacional cuyos integrantes comparten un compromiso común hacia el desarrollo económico y social, el libre mercado, el estado de derecho y la democracia en todo el hemisferio occidental. El COA está formado por empresas internacionales líderes que representan un amplio espectro de sectores incluyendo el sector bancario y financiero, servicios de consultoría, productos de consumo, energía y minería, industrias, medios, tecnología y transporte.[2]

Las posiciones y opiniones expresadas en esta publicación corresponden a los integrantes del grupo de trabajo, que participan según sus capacidades individuales, y no representan las de la Americas Society y el Council of the Americas, sus integrantes o los directorios de cualquiera de esas organizaciones. Esta publicación no podrá reproducirse de ninguna manera sin la autorización por escrito de la Americas Society y el Council of the Americas.

Para más información sobre AS y COA, puede escribir a AS/COA, 680 Park Ave., New York, NY 10065 o visitar nuestro sitio web en www.as-coa.org.

---

1 La Americas Society es una organización pública de beneficencia exenta de impuestos tal como se describe en 501(c)(3) y 509(a)(1) del Código Fiscal *(Internal Revenue Code)* de 1986.

2 El Council of the Americas es una asociación comercial exenta de impuestos según el artículo 501(c)(6) del Código Fiscal de 1986, y como tal, desarrolla diversas actividades para alcanzar su objetivo y los intereses de sus miembros.

ÍNDICE

PREFACIO

El estado de derecho es un factor fundamental para lograr un crecimiento económico estable y de amplio alcance.[3] Fomenta las inversiones, tanto nacionales como extranjeras, junto con el desarrollo empresarial y comercial. Además, la confianza en la ley y en su aplicación crea empleos y contribuye a generar prosperidad que son factores esenciales para el desarrollo a largo plazo del hemisferio.

En la última década, el estado de derecho se ha transformado en uno de los temas más debatidos tanto en las Américas como en todo el mundo. Cada vez más, reconocemos su importancia para el sector privado y para todos los ciudadanos. Leyes claras, transparentes, ampliamente entendidas y aplicadas a todos por igual benefician a todo el mundo desde el pequeño comerciante hasta los grupos minoritarios y los consumidores. Asimismo, como la región compite cada vez más con Asia para atraer inversiones y desarrollarse en la economía mundial, el estado de derecho adquiere más importancia.

Teniendo esto en mente, la Americas Society y el Council of the Americas establecieron un Grupo de Trabajo sobre el Estado de Derecho con el fin de abocarse a analizar cómo mejorar y fortalecer el estado de derecho en las Américas para beneficio de todos. Durante un año, reunimos a representantes del sector privado, abogados, académicos, y representantes de organizaciones no gubernamentales para considerar cuatro de las áreas principales para lograr un crecimiento de gran alcance: la administración de justicia; el marco regulatorio para negocios e inversiones; el uso de métodos alternativos de resolución de conflictos y el cumplimiento de contratos (incluyendo la cancelación de créditos en procedimientos concursales); y la protección de los derechos de propiedad intelectual y sobre bienes tangibles. Consideramos estos temas teniendo en cuenta las mayores implicancias que tiene para toda la sociedad fomentar un clima que respete el estado de derecho.

Este informe de trabajo es un marco de ideas y servirá como punto de partida para un mayor análisis del tema en todo el hemisferio. Promueve una mejor comprensión y apoyo a una agenda nueva y que

---

3   En la versión en ingles, este informe usa la expresión "rule of law" la cual no traduce exactamente al español. Este informe en español refiere al "rule of law" come "el estado de derecho."

se anticipe al futuro. En todo el informe de trabajo, admitimos que el estado de derecho ha mejorado en las Américas, pero en sectores individuales, en lugar de hacerlo sistemáticamente. Por ese motivo, se destacan los muchos ejemplos de reformas positivas introducidas en el hemisferio junto con las potenciales áreas de mejora. El Grupo de Trabajo brinda los principios básicos para guiar a los líderes políticos, comerciales y sociales del hemisferio con el fin de consolidar sociedades basadas en el estado de derecho.

Agradezco a Antonia Stolper y a Mark Walker por haber presidido este importante Grupo de Trabajo. Su liderazgo, visión y amplia experiencia en la región aportaron un profundo conocimiento a nuestros debates. También me gustaría agradecer a los numerosos estudios jurídicos que brindaron su colaboración desinteresada en investigar y delinear muchos de los temas del informe de trabajo. Los integrantes del Grupo de Trabajo dedicaron mucho tiempo y conocimientos a analizar los borradores del informe y a participar en reuniones en Nueva York, Washington, San Pablo y ciudad de México. Las páginas de este informe reflejan el apoyo y análisis especializado de estos profesionales. Christopher Sabatini, Director Principal de Política de AS/COA, dirigió el Grupo de Trabajo junto con Jason Marczak, Director de Política. Me gustaría agradecerles a ellos y a todo el equipo que participó de esta iniciativa.

Susan Segal
Presidente y CEO
Americas Society y Council of the Americas

AGRADECIMIENTOS

Este informe no hubiera sido posible sin el apoyo de muchas personas. Durante un año, los integrantes del grupo de trabajo se reunieron seis veces en Nueva York, dos veces en Washington, una vez en San Pablo y una vez en Ciudad de México. Los dos co-presidentes, Antonia Stolper y Mark Walker, fueron indispensables para establecer el marco intelectual para este logro, mientras que el compromiso y la activa participación de los integrantes del grupo de trabajo aportaron la experiencia, el análisis y los conocimientos que se reflejan en todo el informe. La versión en español de este informe es posible debido del apoyo de Wilfried von Bülow y Luisa y Pablo Pulido y queremos expresar nuestro agradecimiento por su compromiso en este tema y interés en poder asegurar que sea accesible a los hispano parlantes.

El grupo de trabajo aprovechó la colaboración importante de Cleary Gottlieb Steen & Hamilton LLP y Shearman & Sterling LLP. En particular, Stephen Valdez de Cleary Gottlieb proporcionó la investigación inicial para los capítulos "Administración de Justicia" y "Contratos, Métodos Alternativos de Resolución de Conflictos y Quiebras". Kevin Brousseau y Christina Wilson de Shearman & Sterling escribieron artículos complementarias para los capítulos "Marco Regulatorio" y "Derechos de Propiedad". Y todos ellos analizaron y comentaron los diferentes borradores del informe a medida que avanzaba.

El grupo de trabajo también contó con la colaboración de varias personas destacadas, incluyendo a Amanda Evansburg, quien se desempeñó brevemente como consultora del proyecto y elaboró la sección sobre Derechos de Propiedad Intelectual y editó y estudió los primeros borradores del informe completo. Gonzalo García Delatour, un asociado invitado de Hughes Hubbard & Reed LLP, brindó una extensa investigación de fondo sobre la reforma concursal en Argentina (APE), descrita en el capítulo "Contratos, Métodos Alternativos de Resolución de Conflictos y Quiebras". Bradley Silver de Time Warner nos explicó pacientemente los detalles y las diferencias entre los derechos de propiedad internacionales y nos orientó con respecto a los tratados, acuerdos y trabajos de investigación internacionales sobre este tema. Susan Schmidt de Manatt Jones Global Strategies, LLC analizó varios borradores del informe completo y realizó comentarios integrales. Karina Rocco preparó la traducción del informe desde ingles al español y Maria Gracia Andia y Carlos Zelada comentaron y revisaron la versión final en español.

Por último, pero no por eso menos importante, el excelente personal de la Americas Society y del Council of the Americas contribuyó de innumerables maneras durante todo el trabajo. Eric Farnsworth, Vicepresidente del Council of the Americas, jugó un papel fundamental en el lanzamiento de la iniciativa y luego ofreció comentarios detallados y exhaustivos sobre varios de los primeros borradores. Maria Lotito condujo la investigación y escribió las secciones sobre comercio electrónico. Tyson Barker investigó sin descanso ejemplos para el capítulo "Marco Regulatorio". Hubo otros integrantes de los equipos de Política y Programas de AS/COA, que también merecen ser destacados, incluyendo, entre otros, a Juan Cruz Díaz, Talisa Anderson, Alana Tummino, Juan Matías Zaldua, Kelli Bissett, Juan Luis Serrano-Badrena, Natalia Binshteyn, Monica Guevara, Verónica Prado, y Eva Fernández. Sin su colaboración en la organización de los grupos de trabajo en Nueva York, San Pablo, ciudad de México y Washington, en la elaboración de los resúmenes individuales y en la confirmación de las citas, este informe no hubiera sido posible.

RESUMEN EJECUTIVO

Formado en marzo de 2006, el Grupo de Trabajo sobre el Estado de Derecho de la Americas Society y el Council of the Americas reunió a representantes del sector privado, académicos, abogados, y representantes de organizaciones no gubernamentales. A través de reuniones celebradas en Nueva York, Washington, Brasil y México, nos dedicamos a considerar cómo mejorar y fortalecer el estado de derecho en las Américas. Si bien reconocemos que el estado de derecho es esencial para la protección y defensa de los derechos humanos y políticos, nuestros análisis se centraron en el estado de derecho como pilar fundamental para lograr un crecimiento y prosperidad justos y de amplio alcance.

Estos debates tienen lugar en un momento importante, tanto en términos políticos como económicos, en el hemisferio. Con la finalización de las elecciones del periodo 2005–2006, emitimos este informe de trabajo mientras las nuevas administraciones siguen revisando sus agendas para los próximos años. La respuesta al mensaje abrumador emitido por los votantes exige que los gobiernos implementen reformas al estado de derecho que fomenten el desarrollo comercial y empresarial, y que a su vez generen empleo y una mayor prosperidad. Asimismo, mientras la región compite cada vez más con Asia para atraer inversiones y para desarrollarse en la economía global, es fundamental respetar el estado de derecho.

El respeto del estado de derecho es un requisito básico para crear las condiciones que fomenten el desarrollo comercial. Brinda la seguridad que protege los derechos políticos y humanos básicos de los individuos. Pero el estado de derecho también ofrece a los emprendedores y pequeños empresarios la confianza que necesitan para ingresar en la economía formal y contribuir al crecimiento y desarrollo económicos de toda la nación. Los empresarios y las empresas establecidas tienen más posibilidades de prosperar en aquellos lugares donde las leyes están definidas claramente, son conocidas por el público y se aplican neutralmente y sin prejuicios a todos los integrantes y clases de la sociedad.

El estado de derecho comprende innumerables áreas, pero en este grupo de trabajo nos concentraremos en cuatro de las más críticas para lograr un crecimiento generalizado. Estas áreas son:

- La administración de justicia;
- El marco regulatorio para negocios e inversiones;
- El uso de métodos alternativos de resolución de conflictos y el cumplimiento de contratos (incluyendo la cancelación de créditos en procedimientos concursales); y
- La protección de los derechos de propiedad intelectual y sobre bienes tangibles.

Si bien, estas áreas de estudio, no pretenden ser un análisis exhaustivo de cada tema, los tópicos y reflexiones presentados aquí servirán como un importante punto de partida para discusiones futuras en los países de toda la región. El estado de derecho ha mejorado en el hemisferio, pero en sectores determinados en lugar de hacerlo en forma sistemática. Por esa razón, destacamos ejemplos de reformas exitosas, a la vez que también advertimos algunas áreas que necesitan ser mejoradas.

Un sistema justo y eficiente para la administración de justicia, incluyendo la organización y el funcionamiento del sistema judicial de un país, es un pre-requisito necesario para el estado de derecho. Como se analizó en el grupo de trabajo, el contenido de las leyes de un país importa poco, si las instituciones constituidas para interpretar y hacer cumplir esas leyes son ineficientes, arbitrarias o corruptas. A menudo, la susceptibilidad al abuso o al uso indebido puede ser igualmente perjudicial para la integridad de la institución. Asimismo, se demostró que un poder judicial independiente y transparente facilita el crecimiento económico reduciendo los riesgos percibidos y creando un ambiente más alentador para los nuevos emprendedores. Por estos motivos, las reformas a los procesos e instituciones judiciales—incluyendo la designación y promoción de jueces, la educación y capacitación del personal judicial, la transparencia del proceso de toma de decisiones y el fácil acceso a los procedimientos y funcionarios judiciales—son la clave para un sistema jurídico justo, abierto y eficiente.

En los últimos años, algunos países de América Latina tuvieron notables avances en esta área. México, por ejemplo, fortaleció la autoridad del Consejo Federal de la Magistratura, el organismo que supervisa a la mayoría de los tribunales mexicanos, con resultados visibles. Según un informe, el Consejo investigó 2.155 reclamos contra el personal judicial y emitió 287 sanciones, promoviendo la confianza en su capacidad para eliminar la incompetencia y la corrupción. En Ecuador, los esfuerzos del gobierno para mejorar la eficiencia judicial son dignos de destacar. Las reformas introducidas en seis tribunales piloto optimizaron significativamente los procedimientos, reduciendo en un 85 por ciento el tiempo que se requiere para procesar los casos.

También analizamos los factores necesarios para asegurar un marco regulatorio sólido para los negocios y las inversiones. En toda la región, han proliferado los organismos reguladores y las regulaciones, a menudo con funciones que se superponen, con trámites burocráticos y papeleo, y a veces ligados estrechamente a cargos políticos. Este proceso caótico de desarrollo regulatorio perjudica al usuario y en última instancia al gobierno, creando reglas y procedimientos complicados para operar una empresa, invertir y administrar los propios procesos de toma de decisiones de los organismos. Regulaciones costosas y engorrosas para operar una empresa constituyen una gran carga para los pequeños empresarios e impiden que los emprendedores ingresen en la economía formal en su totalidad. Como observó el grupo de trabajo, simplificar los códigos regulatorios y reducir los costos de inicio de actividades comerciales fomentará el desarrollo económico y en última instancia aumentará los ingresos públicos para ampliar las inversiones sociales. Un esquema regulatorio estable y claro también contribuirá a atraer inversiones extranjeras directas y sostenibles y a generar un crecimiento económico agregado.

El Salvador y Honduras son los principales ejemplos de países que han tomado medidas para facilitar el desarrollo comercial. Ambas naciones simplificaron los procedimientos para constituir empresas. En El Salvador, una ley de 2005 ayudó a los empresarios a acelerar el proceso en 75 días. Mientras que en Honduras, el gobierno redujo los costos de inicio de actividades comerciales en un 12 por ciento.

Para que una sociedad alcance un crecimiento a largo plazo, el estado de derecho también debe incluir reglas claras y coherentes para la celebración y el cumplimiento de los contratos y para la resolución de conflictos comerciales, incluyendo las demandas que surgen de las quiebras. La actividad comercial no puede prosperar si no existen las garantías jurídicas de que los contratos privados van a ser respetados. Los pequeños empresarios y emprendedores se encuentran entre los principales beneficiarios de un régimen contractual sólido; el estricto cumplimiento facilita el acceso al crédito y promueve la inversión y la expansión de las empresas. Y cuando se generan conflictos contractuales, el estado de derecho se fortalece si las partes privadas pueden aprovechar los métodos alternativos de resolución de conflictos, como la mediación y el arbitraje, para hacer cumplir de manera más eficiente sus derechos contractuales. Se deben alentar las resoluciones alternativas de conflictos a los procesos judiciales tradicionales ya que no sólo son más rápidas sino que también son más accesibles que los juicios.

Las leyes de quiebra son igualmente importantes para las normas que rigen el inicio y cierre de actividades comerciales. Deben ser redactadas y aplicadas de manera que promuevan un proceso simplificado y menos engorroso para todas las partes involucradas. Reduciendo el riesgo para los bancos de invertir en nuevos emprendimientos y permitiendo a las empresas la oportunidad de reestructurarse, un sistema de quiebras justo y eficiente promoverá el desarrollo empresarial y el crecimiento del empleo.

El uso de tribunales especializados se ha transformado cada vez más en un medio popular para resolver casos contractuales técnicos. Mediante la designación de jueces especializados en derecho contractual, Perú redujo los plazos para resolver los conflictos generados en incumplimientos de contratos. Los acuerdos comerciales también ofrecen una manera efectiva de resolver conflictos. El Acuerdo de Libre Comercio de América del Norte (NAFTA), el Tratado de Libre Comercio Centroamérica-República Dominicana-Estados Unidos, el Tratado de Libre Comercio Perú-Estados Unidos, y los pendientes acuerdos con Colombia y Panamá, entre otros, fomentan significativamente o exigen que se utilicen métodos alternativos de resolución de conflictos para poner fin a disputas comerciales internacionales. A nivel local, Brasil y Paraguay se encuentran entre los países que sancionaron leyes para fortalecer los incentivos para optar por el arbitraje. Sin embargo, el arbitraje no es una solución para los problemas sistémicos más graves de los sistemas jurídicos tradicionales.

El aspecto final del estado de derecho considerado en nuestro informe de trabajo es el reconocimiento y respeto de los derechos de propiedad y de los derechos de propiedad intelectual. La propiedad privada es uno de los derechos individuales fundamentales, sin embargo muchos países de las Américas tienen dificultades en otorgar títulos sobre las tierras y ofrecer la garantía de la titularidad de la propiedad. Es un importante desafío dado que la titularidad de un derecho de propiedad está ligada a la participación total de los individuos en la economía y en los mercados de crédito en expansión. El valor de la propiedad de un individuo puede ser usado para garantizar créditos y hacer inversiones, permitiéndole a ese individuo que se transforme en un participante con intereses en la economía. Los derechos de propiedad no solamente son un derecho universal reconocido, también constituyen un paso fundamental para mitigar la pobreza y alentar el crecimiento económico de la región.

El cumplimiento de los derechos de propiedad intelectual también es importante para el desarrollo económico. La protección de la propiedad intelectual—es decir, de las patentes, marcas comerciales y copyright—brinda a inventores y artistas un incentivo legal para crear, otorgándoles derechos exclusivos durante un período de tiempo determinado. Esto permite que los innovadores recuperen los costos incurridos en la creación del producto. Estas garantías son esenciales para crear y respaldar a las modernas economías basadas en el conocimiento y la tecnología necesarias para desarrollarse en el mercado global de hoy. Los consumidores también se benefician con la defensa de los derechos de propiedad intelectual ya que estos derechos contribuyen a garantizar la seguridad de los productos y a aumentar la posibilidad de acceso a productos y servicios innovadores y de última generación.

Hemos visto notables avances en la región con respecto a los derechos de propiedad intelectual y de bienes tangibles pero aún existen extensas áreas que requieren mejoras. Perú y Brasil se encuentran entre los países que implementaron programas exitosos de titulación para otorgar derechos de propiedad a personas sin tierra. Brasil también intentó tomar medidas drásticas sobre los abusos a la propiedad intelectual a través de una campaña coordinada que simultáneamente intensificó el cumplimiento de los derechos a la vez que se realizó una campaña de educación pública para destacar la importancia de los derechos de propiedad intelectual.

El Grupo de Trabajo sobre el Estado de Derecho considera este esfuerzo como un diálogo continuo con interlocutores en todo el hemisferio. Mejorar el estado de derecho requiere un enfoque multifacético que es factible de lograr si se cuenta con un compromiso y apoyo más amplios. Con este objetivo, nuestro próximo paso será compartir este informe de trabajo con varios países del hemisferio a través de grupos de trabajo locales formados por empresarios, funcionarios públicos y juristas locales, para analizar y explayarse sobre las ideas consideradas aquí en pos de realizar un cambio positivo y duradero.

INTRODUCCIÓN

¿Qué entendemos por estado de derecho?

Como el interés por este tema aumentó, el término "estado de derecho" ha sido extendido y utilizado para describir diferentes procesos y características. A los fines del Grupo de Trabajo sobre el Estado de Derecho, nos basamos en una definición que se aplica ampliamente a las leyes, instituciones, procesos e instancias del sistema jurídico y judicial. El término "estado de derecho", tal como lo usamos en este informe, quiere decir:

> *Un sistema en el que las leyes son de público conocimiento, claras en cuanto a su significado, accesibles para todos, y se aplican a todos por igual; los jueces son imparciales e independientes y están libres de influencias indebidas; las principales instituciones del sistema jurídico, incluyendo los tribunales, organismos reguladores, fiscales y la policía son razonablemente justos, competentes y eficientes; el gobierno trata de cumplir la ley y sus funcionarios aceptan que se les aplique la ley; la elaboración de leyes se rige por reglas transparentes, estables, claras y generales; y las leyes en sí mismas describen situaciones a futuro, son conocidas, claras y relativamente estables, y abarcan áreas críticas.[4]*

En este sentido, el estado de derecho es esencial no sólo para defender los derechos políticos y humanos básicos, sino que también es un pilar fundamental para lograr un crecimiento y prosperidad justo y de amplio alcance.

Cuando las leyes son claras, su conocimiento es generalizado y se aplican por igual a todos los individuos, todas las personas—desde los pequeños empresarios hasta los grupos minoritarios y los consumidores—se benefician al tener igualdad de acceso y trato ante

---

4   Este amplio concepto del estado de derecho se aplica igualmente a los países de habla hispana y portuguesa en América Central y América del Sur cuyos sistemas jurídicos se basan en el Código Napoleónico y en la mayoría de los países del Caribe de habla inglesa cuyo sistema jurídico se basa en la tradición anglosajona del "common-law". Sin embargo, salvo en los casos en que se indique, este informe se centra principalmente en los países de habla hispana y portuguesa y en el sistema de derecho civil.

la ley. El acceso público y general a las leyes y la confianza en los sistemas jurídicos y regulatorios ofrecen un ambiente más sólido para el desarrollo y el crecimiento de las empresas formales y de los emprendimientos. En todo el mundo, la principal vía para generar empleo y mitigar la pobreza ha sido el crecimiento de la pequeña empresa y del espíritu empresarial.

Por qué el estado de derecho es importante para el desarrollo económico

Si bien las reformas basadas en el "Consenso de Washington", que se extendieron en el hemisferio durante las décadas de 1980 y 1990 pretendían solucionar los desequilibrios y distorsiones fiscales y políticas necesarias para reiniciar el crecimiento económico y controlar la inflación, éstas no se ocuparon del marco institucional indispensable para alcanzar un amplio crecimiento sustentable. El estado de derecho está incluido en esta segunda generación de reformas. Aunque es una tarea mucho más difícil y de largo plazo que las reformas iniciales relacionadas con las políticas del Consenso de Washington, establecer el estado de derecho es esencial para consolidar una economía de mercado más justa y accesible que pueda generar un crecimiento económico y una prosperidad sostenidos.

Entre otras cosas, el estado de derecho:

- garantiza el debido proceso y la previsibilidad;
- protege el desarrollo de la pequeña empresa y del espíritu empresarial estableciendo reglas claras y objetivas para constituir, operar y cerrar una empresa;
- transmite estabilidad, seguridad y límites legales claros para los derechos de propiedad;
- obliga a una mayor responsabilidad de los funcionarios públicos;
- mantiene el equilibrio de poderes entre el poder ejecutivo, legislativo, judicial y los organismos reguladores del gobierno; y
- controla el poder del estado sobre los ciudadanos.

Si bien muchos aspectos del estado de derecho son importantes para generar un crecimiento económico de amplio alcance, ciertas áreas—especialmente la administración de justicia, el marco regulatorio para negocios e inversiones, el uso y cumplimiento de contratos y la protección de los derechos de propiedad y de los derechos de propiedad intelectual—emergen como los principales desafíos a enfrentar si los países desean promover y facilitar el desarrollo de la pequeña empresa y atraer inversiones nacionales y extranjeras directas.

En una economía global, América Latina debe competir cada vez más con los países asiáticos para atraer a inversores extranjeros. Es aquí donde los avances realizados en materia de estado de derecho pueden generar enormes beneficios para la región. Si bien los países latinoamericanos no tienen el tamaño de mercado que posee China o India—y por lo tanto podrían ofrecer menores oportunidades de inversión y posiblemente rendimientos más bajos—mejorar el estado de derecho en relación con otros países disminuirá significativamente el riesgo para posibles inversores. Esto les da a los países latinoamericanos una ventaja comparativa en el mercado global que puede ayudar a compensar otras limitaciones en pos de atraer inversiones en tecnología y de calidad.

El estado de derecho en las Américas

En los últimos veinticinco años ha habido mayor interés y actividades relacionadas con el estado de derecho en todo el hemisferio occidental. Y si bien esta actividad ha generado importantes avances, reformar siglos de herencias jurídicas e institucionales ha demostrado ser difícil.

La ola de reformas comenzó con las transiciones políticas y económicas que experimentó la región durante las décadas de 1980 y 1990. A principios de los 1990, se establecieron gobiernos constitucionales y elegidos democráticamente en todos los países de la región, excepto en Cuba. Para los ciudadanos y para los gobiernos recién electos, la reforma del poder judicial fue considerada como una prioridad máxima para superar la impunidad de los pasados abusos a los derechos humanos, defender mejor los derechos humanos y el acceso a la justicia, limitar el poder del gobierno y mejorar el entorno para generar crecimiento económico. En los años siguientes, se llevaron a cabo varias reformas e innovaciones. Entre ellas, la modernización de los códigos penales, la transición de procesos inquisitorios a acusatorios, la construcción de nuevas instituciones para albergar a fiscales y defensores públicos, y la creación de lugares modernos de capacitación para jueces y el personal judicial.

Debido a este interés y a este cambio surgieron nuevas organizaciones profesionales y de la sociedad civil dedicadas al estado de derecho, formando una nueva red de apoyo técnico y activismo para la reforma. Aparecieron grupos como Corporación Excelencia en la Justicia en Colombia y la Comisión Andina de Juristas en Perú que fortalecieron la demanda y el aporte popular para realizar la reforma. A nivel regional, varias organizaciones y oficinas en organizaciones multilaterales, como el Centro de Estudios de Justicia de las Américas (CEJA), la Fundación para el Debido Proceso Legal y la Unidad para la Promoción de la Democracia de la Organización de los Estados Americanos, mejoraron la capacidad de los grupos internos de cada país para unirse y compartir conocimientos.

Junto con esto, los acuerdos y convenciones internacionales y regionales también alentaron las reformas en la región. Varias convenciones, muchas de ellas mencionadas en las páginas de este informe, propusieron estándares regionales para el cumplimiento de contratos, la aplicación de métodos alternativos de resolución de conflictos y la defensa de los derechos humanos. En el área de los derechos humanos, la región ha realizado avances significativos. La creación de la Convención Americana sobre Derechos Humanos, la Comisión Interamericana de Derechos Humanos y la Corte Interamericana de Derechos Humanos en Costa Rica se han constituido en una vía sólida y efectiva para la consideración y defensa de casos sobre derechos humanos. La evolución del sistema interamericano de derechos humanos ha creado jurisprudencia y ha mejorado la normativa sobre derechos humanos de nuevas e importantes maneras.

El movimiento hacia el libre comercio en la región y a nivel mundial también tuvo un papel directo e indirecto muy importante para atraer la atención hacia el estado de derecho y mejorarlo en todo el hemisferio. Los nuevos acuerdos de comercio internacional de la última década a menudo incluyen cláusulas que exigen a las partes mantener ciertos estándares regulatorios y principios de justicia, como condiciones para la participación. Por ejemplo, el Tratado de Libre Comercio Centroamérica-República Dominicana-Estados Unidos (DR-CAFTA) exige que los países que participan implementen importantes reformas económicas y jurídicas a nivel interno que fomenten el desarrollo y las inversiones competitivas, protejan los derechos de propiedad intelectual y promuevan la transparencia y el estado de derecho. El Acuerdo de Libre Comercio de América del Norte (NAFTA) y el Mercado Común del Sur (MERCOSUR) contienen requisitos similares, incluyendo la promoción de métodos alternativos de resolución de conflictos y el cumplimiento de acuerdos y laudos arbitrales. El conjunto de reformas requeridas para participar en la mayoría de los tratados de libre comercio es un beneficio accesorio importante, y con frecuencia ignorado, de esos tratados.

La globalización de la economía es otra fuerza poderosa, aunque indirecta, para la reforma del estado de derecho en el hemisferio. La necesidad de competir con otras naciones para obtener inversiones directas ha obligado a muchos países latinoamericanos a adoptar reformas cruciales que van desde una mayor transparencia y previsibilidad de las instituciones judiciales a un cumplimiento más estricto de los contratos privados. El respeto permanente del estado de derecho demuestra un compromiso con la modernización y la preparación para competir en el mercado mundial.

Todos estos factores – la democratización, el surgimiento de los grupos de reformas, la proliferación de los tratados de libre comercio y otros tratados internacionales, y la globalización económica - han conducido a una importante reforma jurídica en la región. Sin embargo, todavía queda mucho por hacer.

Reciente pérdida de impulso

A pesar del progreso logrado en los últimos años, la falta de acceso a la justicia, la ineficiencia judicial e inconsistencia en la aplicación de la ley siguen siendo un problema endémico muy enraizado. Reformar las instituciones y los procesos que contribuyen a estas condiciones es una tarea que puede durar años e inclusive décadas. La frustración por la falta de avances ha generado la preocupación de que el impulso por la reforma del estado de derecho pueda estar disminuyendo. Para muchos ciudadanos, las dos décadas centradas en la reforma judicial han generado pocos beneficios tangibles, el acceso a la justicia sigue siendo lejano, el gobierno continúa interviniendo en el poder judicial y los casos de corrupción bien documentados contra los poderosos permanecen impunes. En algunos países, las demandas populares sobre preocupaciones más inmediatas, como la pobreza y la desigualdad económica, han colocado al trillado tema de la reforma institucional y de la justicia entre los últimos lugares de la agenda política.

Internacionalmente, algunos observadores también han planteado dudas sobre la eficacia de las acciones internacionales para promover el estado de derecho en América Latina.[5]

La fragilidad de los logros en el sistema judicial se hizo evidente

---

5   Thomas Carothers, ed., *Promoting the Rule of Law Abroad* (Washington, DC: Carnegie Endowment for International Peace, 2006), 11–12.

por primera vez en 1992 cuando el presidente Fujimori impuso el control del Poder Ejecutivo sobre las designaciones y destituciones judiciales en el Perú, violando el principio de la separación de poderes. Más recientemente, varios grupos de defensa de los derechos humanos expresaron su preocupación con relación a las acciones del Ejecutivo en Venezuela respecto de la designación de jueces y el aumento de la cantidad de jueces que integran la Corte Suprema. En Venezuela y en Bolivia el deseo de una reforma radical de los sistemas judiciales, considerados tanto corruptos como vestigios del pasado, necesita ser equilibrada con una acción para evitar la politización de las instituciones que podría afectar el amplio respeto por la ley. En Guatemala, a pesar de casi una década de cambios sustanciales detallados en los acuerdos de paz, el sistema judicial sigue estando ausente y siendo lento, provocando cada vez más asesinatos por parte de ciudadanos que pretenden hacer justicia por mano propia. Y en toda la región, todavía existe una gran parte de la población que carece de acceso a las instituciones judiciales.

Según los índices internacionales del estado de derecho—como consecuencia del interés demostrado hacia el estado de derecho en las últimas dos décadas—América Latina sigue estando atrás de los países que integran el OCDE, de Europa del Este, de Asia Oriental y de Oriente Medio.

El Estado de Derecho en el Mundo (2006)

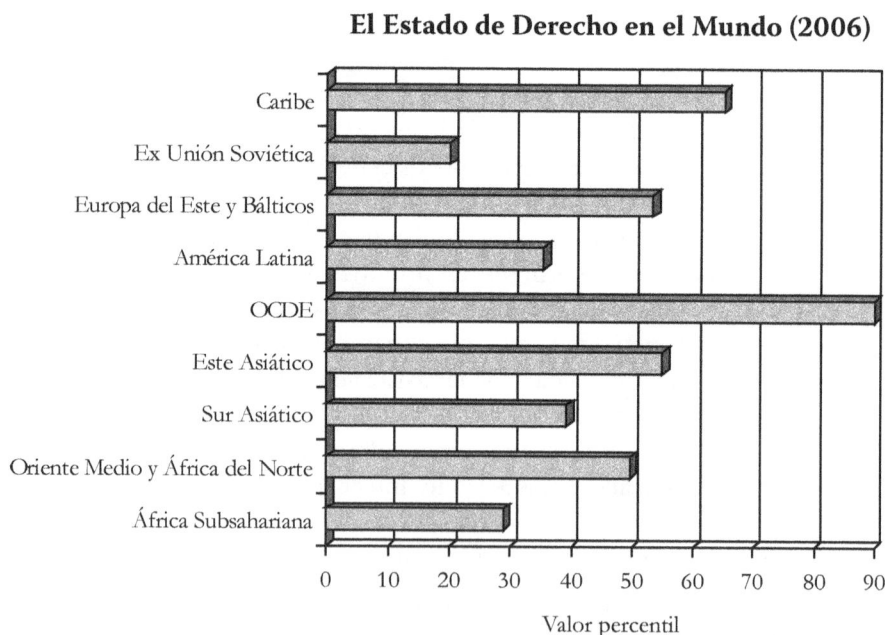

Valor percentil

En la región, el avance hacia un mayor estado de derecho varía según los países y de un año a otro, según el país.

El Estado de Derecho en América Latina (2006, 1998)

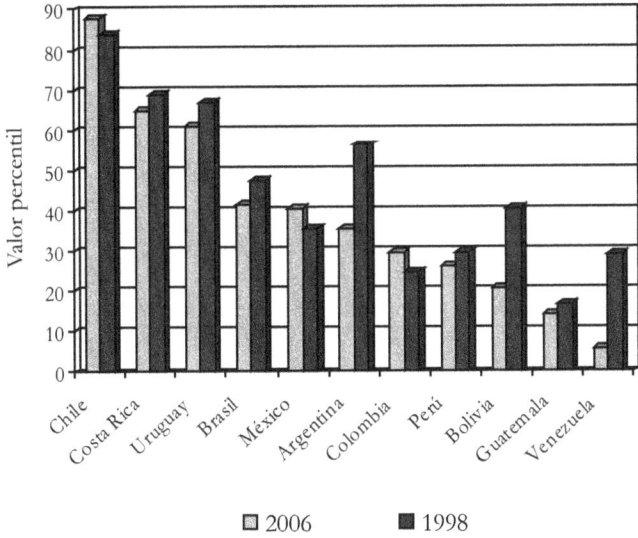

□ 2006   ■ 1998

Aclaración: El valor percentil se refiere al porcentaje de países en todo el mundo que califican por debajo del país o región seleccionado – los valores más altos indican mejores calificaciones en materia de estado de derecho.
Fuente (ambos gráficos): Banco Mundial, "Governance Matters VI: Governance Indicators for 1996–2006", Banco Mundial.

Estos ejemplos revelan las dificultades para introducir cambios profundos en un tema institucional tan complejo. Una reforma verdadera y duradera no es posible sin la voluntad del propio pueblo de un país y de sus líderes, que proviene del reconocimiento de que la seguridad, el crecimiento y la prosperidad exigen respetar el estado de derecho. Es este incentivo interno—el deseo de alcanzar el bienestar y la seguridad personal para los habitantes de una nación—lo que en última instancia va a impulsar la reforma.

Creemos que la comunidad internacional y de negocios puede jugar un papel muy importante en involucrar y contribuir a afianzar el estado de derecho en el hemisferio. El estado de derecho es un bien público amplio que beneficia a los individuos con conflictos civiles o familiares comunes y cotidianos, así como también, beneficia a inversionistas grandes o pequeños, en el ámbito comercial.

Durante el siglo XIX las pequeñas y medianas empresas en los

Estados Unidos fueron elementos vitales para forjar un interés común con los políticos reformistas para asegurar importantes reformas judiciales y jurídicas para toda la población. En la actualidad, las empresas progresistas y con conciencia cívica pueden desempeñar una función similar en el hemisferio. Brindar a los ciudadanos los beneficios tangibles del estado de derecho—seguridad personal, acceso a un sistema judicial justo, justicia rápida, protección de la propiedad básica y prosperidad económica—es un objetivo compartido para todos aquellos a quienes les importa y trabajan en las Américas.

Este informe de trabajo está dividido en cuatro capítulos, cada uno de ellos trata un tema específico dentro del estado de derecho. En cada capítulo, el grupo de trabajo ofrece una serie de principios y ejemplos relacionados con la implementación efectiva del tema. El primer capítulo considera la administración de justicia en general y sus distintos componentes, incluyendo los procesos de designación y promoción de jueces y funcionarios judiciales, la capacitación y contratación del personal judicial, la eficiencia de los juzgados, los recursos e infraestructura judicial y la transparencia. En el segundo capítulo, analizamos el marco regulatorio para los negocios y las inversiones, con especial interés en las regulaciones que rigen la constitución y el funcionamiento de las empresas, las leyes que afectan las industrias reguladas y las normas que afectan las inversiones. El tercer capítulo analiza los contratos y su cumplimiento, métodos alternativos de resolución de conflictos y quiebras. En el último capítulo, nos abocamos a los derechos de propiedad y el pujante campo de los derechos de propiedad intelectual.

ADMINISTRACIÓN DE JUSTICIA
Y TRANSPARENCIA

La administración de justicia comprende la organización y el funcionamiento del poder judicial y del sistema judicial. Incluye los procesos de designación y promoción de jueces; la división de poderes según lo establecido en la constitución y en las leyes que determinan los roles y las funciones de los jueces, fiscales, consejos de las magistraturas y otros comités de supervisión (si existieren); los procedimientos para regular la admisión, consideración y decisión de los casos judiciales; las normas para distribuir causas a los tribunales y para presentar apelaciones; el acceso a la justicia y el sistema jurídico para ciudadanos y partes interesadas; y el proceso de asignación de presupuestos para las burocracias relacionadas con la justicia. En síntesis, se trata de todo lo relacionado con la manera en que realmente funciona el sistema judicial como un poder del gobierno y una burocracia. Para que el poder judicial funcione, debe trabajar para todos los segmentos de la población independientemente de la situación socio-económica o del poder económico o político de los mismos.

¿Cómo se relaciona la administración de justicia con el estado de derecho?

La administración de justicia es el núcleo del estado de derecho. Si las instituciones judiciales son ineficaces, están politizadas, son corruptas o arbitrarias, el contenido de la ley no tiene importancia. Las leyes y los procesos para ocupar los cargos y dotar de personal a los tribunales y a los procedimientos judiciales establecen el marco para la independencia fundamental del sistema judicial. Asimismo,

Según el Banco Mundial, la mayor parte de las inversiones privadas en los países en desarrollo son inversiones internas. Las reformas al estado de derecho que benefician a los inversores privados redundarán en los máximos beneficios para los inversores nacionales.

Fuente: "A World Development Report 2005: A Better Investment Climate for Everyone," World Bank, http://go.worldbank.org/WVDAOSZJ20 (consultado el 30 de abril de 2007).

la equidad y eficiencia de las instituciones que constituyen el sistema judicial (tribunales, organismos reguladores, fiscales y la policía) dependen de la manera en que las instituciones estén instituidas, de cómo funcionen y de la calidad de su personal. Sin estos criterios básicos—un sistema judicial independiente y tribunales y funcionarios judiciales competentes, objetivos y eficientes—el estado de derecho simplemente no puede existir.

¿Por qué es importante la administración de justicia para el crecimiento económico y la prosperidad?

La administración de justicia juega un papel central en brindar el entorno institucional y legal esencial para el crecimiento económico y la prosperidad. Un sistema judicial independiente, eficiente y accesible ofrece las garantías esenciales de que los contratos se cumplirán, los conflictos se resolverán a través de un proceso justo y predecible, la propiedad será protegida según lo establece la ley y las decisiones judiciales serán impartidas rápidamente.

Si bien el estado de derecho se aplica a los ciudadanos y todos los niveles de inversión, la falta de previsibilidad generada por la ausencia del estado de derecho a menudo tiene un mayor impacto relativo en las pequeñas empresas, el sector informal y los nuevos emprendimientos. Los emprendedores del sector informal (es decir, los individuos que trabajan fuera del marco comercial regulado de un país en lo que se conoce como "economía informal") y los pequeños emprendedores, como los vendedores callejeros, los propietarios de comercios o proveedores de tiempo parcial, a menudo carecen de los recursos económicos y del acceso político de las gran-

La confianza en la interpretación judicial de las regulaciones y leyes es más débil entre emprendedores sociales informales. En diez países estudiados, sólo el 40 por ciento de los emprendedores sociales informales cree que las regulaciones van a ser interpretadas de manera uniforme por los funcionarios mientras que el 60 por ciento de las grandes empresas tiene esa opinión.

Fuente: "World Development Report 2005: A Better Investment Climate for Everyone," World Bank, http://go.worldbank. org/WVDAOSZJ20 (consultado el 30 de abril de 2007).

des empresas o de los inversores internacionales. Como resultado, sufren desproporcionadamente las consecuencias de los sistemas jurídicos inaccesibles e inconsistentes. Muchos de estos individuos o empresas sufren problemas relacionados con la inseguridad en los derechos de propiedad, demoras en la resolución de casos judiciales, la imprevisibilidad en la interpretación de las leyes y un acceso limitado a los servicios judiciales. Un ambiente en el que la administración de justicia sea independiente, justa, eficiente, accesible y transparente es más predecible y minimiza las restricciones a la expansión de estas empresas.

En síntesis, un sistema efectivo para la administración de justicia, más allá de la calidad y del contenido de las leyes individuales, reduce los riesgos para los inversores y abre la puerta a nuevos emprendimientos.

Los últimos estudios así lo confirman. En una encuesta mundial de emprendedores, el Banco Mundial determinó que las demoras en el poder judicial (70 por ciento) prolongaba los procesos apelatorios (65 por ciento), y que los funcionarios judiciales incompetentes (casi el 50 por ciento)—todos estos aspectos de la administración de justicia—son los mayores obstáculos para el cumplimiento de un contrato.[6]

¿Cuál es el principal obstáculo para el cumplimiento de un contrato?

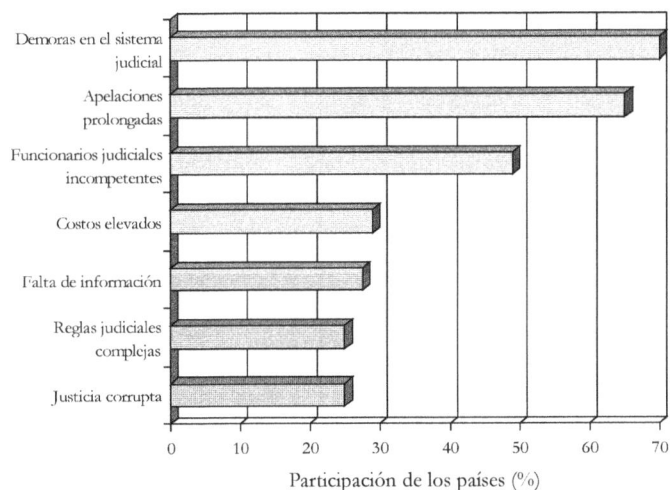

Participación de los países (%)

6 Banco Mundial, "World Development Report 2005: A Better Investment Climate for Everyone," http://go.worldbank.org/WVDAOSZJ20 (consultado el 30 de abril de 2007).

Los estudios en Argentina y Brasil que comparan la eficiencia judicial en los tribunales provinciales, concluyeron que existe un mayor acceso al crédito para los emprendedores y empresas establecidas en aquellos estados con un mejor sistema judicial. Sin crédito, las empresas ya establecidas y las emergentes no pueden ingresar en el mercado ni expandirlo. De manera similar, los estudios en México demostraron que "se encuentran empresas más eficientes y más importantes en estados con mejores sistemas judiciales", lo que permite llegar a la conclusión de que un mejor sistema judicial "aumenta la voluntad de las empresas de invertir más".[7]

> Casi el 60 por ciento de los pobres en los países en desarrollo considera el trabajo independiente o la apertura de un negocio propio como la mejor manera para salir de la pobreza.
>
> Fuente: Banco Mundial, "World Development Report 2005: A Better Investment Climate for Everyone," Banco Mundial, http://go.worldbank.org/WVDAOSZJ20 (consultado el 30 de abril de 2007).

Un sistema judicial efectivo en los estados mexicanos está relacionado con un crecimiento más rápido de las pequeñas empresas.[8] A la inversa, pocos funcionarios judiciales y la ausencia de juzgados en áreas rurales y peri-urbanas en la región han limitado seriamente el acceso a la justicia de hombres y mujeres pertenecientes a la economía informal o de menor escala.

Estos factores han contribuido a disminuir la confianza pública en el sistema judicial en todo el hemisferio. Según las encuestas de opinión pública de *Latinobarómetro* de 2007 realizadas en 18 países de toda la región, sólo el 30 por ciento de los ciudadanos manifestó "algo" o "mucha" confianza en su sistema judicial y esta bajando—en 2006, 36 por ciento de la población tenía confianza.[9]

---

7   Kenneth Dam, "The Judiciary and Economic Development," John M. Olin Law & Economics Working Paper N° 287 (2d Series), The Law School, University of Chicago, Marzo 2006, 2.

8   Roumeen Islam, "Institutional Reform and the Judiciary: Which Way Forward," World Bank Policy Research Working Paper 3134 (setiembre 2003, 7–8).

9   Latinobarómetro, "Latinobarómetro Report 2007," Noviembre 2007, Latinobarómetro, http://www.latinobarometro.org (consultado el 26 de diciembre de 2007).

Principios básicos

Para lograr un sistema independiente y efectivo para la administración de justicia se requiere un marco básico de:

- medios independientes y transparentes para la designación, promoción y permanencia en los cargos de los funcionarios judiciales;
- empleados judiciales y funcionarios públicos profesionales y competentes;
- eficiencia del sistema judicial en la admisión y procesamiento de los casos;
- accesibilidad física a los tribunales; y
- transparencia con respecto a cómo se asignan los casos y cómo se dictan las sentencias.

Cada uno de estos criterios se analiza en detalle en las siguientes secciones. En cada sección, el capítulo primero relaciona los criterios con el tema más amplio del estado de derecho, y luego señala una serie de principios normativos para aplicar estos criterios con el fin de fomentar el estado de derecho. La sección concluye con ejemplos de prácticas y leyes de todo el mundo.

DESIGNACIÓN, PROMOCIÓN, PERMANENCIA EN EL CARGO DE JUECES, FUNCIONARIOS JUDICIALES Y FISCALES

La igualdad de todos los individuos ante la ley se basa en un sistema judicial profesional e independiente que recibe y decide los casos sin importar la situación económica o política.

Garantizar el estado de derecho exige un sistema judicial que sea independiente e imparcial y que sea percibido como tal. La integridad judicial es preservada permitiendo a los funcionarios judiciales trabajar en una atmósfera relativamente libre de presiones externas desde otras ramas del gobierno y del sector privado.

Un proceso transparente y no político para seleccionar, mantener y promover funcionarios en el sistema judicial es esencial para encontrar profesionales del derecho bien preparados que sean capaces de defender y decidir casos basados en la ley. Las normas relacionadas con la selección y promoción de funcionarios judiciales deben fomentar la estabilidad de la permanencia en el cargo y la ausencia de influencias externas. Estas normas abarcan a los sistemas para la designación, ocupación de los cargos, promoción y sanción de funcionarios judiciales.

Principios

a. Fundamento en la ley[10]

- Las personas seleccionadas para ocupar un cargo judicial deben ser individuos íntegros y capaces, con la adecuada formación o títulos en derecho. Todo método de selección judicial debe proteger contra designaciones judiciales por motivos incorrectos.
- El sistema de designación debe ser transparente y permitir el análisis público.
- Se deben establecer los términos de los mandatos judiciales para minimizar el potencial de influencia política o económica sobre los jueces debido a mandatos cortos. Los jueces, sean designados o elegidos, deben gozar de una permanencia garantizada en los cargos hasta alcanzar la edad obligatoria para jubilarse o la finalización del mandato, en caso de que existiere.
- Los jueces por ley deben estar sujetos a suspensión o destitución sólo por razones de incapacidad o una conducta que no los hagan aptos para desempeñar sus funciones.

---

10 Ver Naciones Unidas, Oficina del Alto Comisionado para los Derechos Humanos, "Basic Principles on the Independence of the Judiciary," GA Resolution 40/32 (Noviembre 29, 1985), American Convention on Human Rights, International Covenant on Civil and Political Rights, Naciones Unidas, http://www.unhchr.ch/html/menu3/b/h comp50.htm (consultado el 30 de abril de 2007).

b. Aplicación

- La designación de funcionarios judiciales debe permitir la designación de un número adecuado de funcionarios y no desalentar la contratación de individuos calificados.[11]
- Se debe fomentar la diversidad socio-económica, racial, étnica, religiosa y de género entre los funcionarios judiciales para lograr diferentes antecedentes y puntos de vista, y para fomentar la percepción de que el poder judicial es representativo de todos los segmentos de la sociedad.
- La promoción de los jueces se debe basar en factores objetivos, en particular, la capacidad, la integridad y la experiencia.
- Las reglas para la designación y promoción de los jueces deben ser cumplidas estrictamente. El uso de medidas temporales, incluso en circunstancias limitadas, es sumamente perjudicial para mantener la independencia judicial.
- Se debe investir a los consejos disciplinarios judiciales independientes, o a cualquier otro organismo responsable de la disciplina y de la ética judicial, con la autoridad para investigar acusaciones de irregularidades y, si fuera necesario, sancionar independientemente a jueces y funcionarios.
- El debido proceso es esencial antes de destituir a cualquier funcionario judicial de sus cargos y todos los casos deben ser resueltos con celeridad.
- Todos los procedimientos disciplinarios, de suspensión o destitución deben ser determinados de acuerdo con los estándares establecidos sobre comportamiento judicial.
- Los jueces deben ajustarse a los códigos internos y disciplinarios de su profesión, pero se les debe conceder inmunidad personal frente a juicios civiles por perjuicios económicos según las leyes nacionales por actos indebidos u omisiones en el ejercicio de sus funciones judiciales.

---

11   Ver The Hon. Justice Michael Kirby, "Independence of the Judiciary - Basic Principles, New Challenges," International Bar Association, Human Rights Institute, Hong Kong, 12 junio 1998, http://www.lawfoundation.net.au/resources/kirby/papers/19980612_abahk.html (consultado el 30 de abril de 2007).

EJEMPLOS

Designación judicial

En América Latina, los métodos y requisitos para la designación de jueces y fiscales federales varían. En general, el proceso de nombramiento y designación federal en México es típico de la región. (Ver recuadro en la página siguiente). Argentina, Colombia, Panamá y Brasil, entre otros, le conceden al presidente la autoridad para proponer candidatos a partir de los cuales el congreso vota.

Como México, muchos países establecieron comisiones especiales que analizan los antecedentes y nominan a abogados calificados para ocupar los cargos federales. La composición de estas comisiones varía según las leyes de cada país, pero a menudo incluyen representantes del poder judicial y del colegio de abogados, ciudadanos notables y el ejecutivo. Los mandatos de las comisiones también varían. En algunos países, como Bolivia, República Dominicana, El Salvador, Guatemala y Paraguay, las comisiones están facultadas para nominar jueces que luego son aprobados por la legislatura. En Chile, la Corte Suprema proporciona una lista de nominados, el poder ejecutivo elige entre los nominados, y el Senado debe aprobar las selecciones. En Uruguay, la escuela judicial realiza las designaciones para la Corte Suprema. (Para más información sobre las escuelas judiciales, ver página 22.)

Las comisiones judiciales juegan un papel igualmente importante con respecto a las designaciones de los tribunales inferiores. Esas comisiones designan a los jueces federales de tribunales inferiores en Argentina, y a los jueces de los tribunales inferiores en Bolivia, Costa Rica, República Dominicana y Paraguay. En general, los designados para los tribunales inferiores son luego aprobados por la Corte Suprema, excepto en Argentina, que son aprobados por el Presidente. En Chile, la academia judicial selecciona y recomienda candidatos que luego son aprobados por el Ministerio de Justicia.

Si bien la mayoría de los países de América Latina poseen procedimientos de designación estructuralmente sólidos, la implementación de estos procedimientos en algunos países ha resultado afectada por medidas temporales o la corrupción de los sistemas establecidos. Por ejemplo, en 1992, el ex-presidente Fujimori desmanteló efectivamente el Consejo de la Magistratura en Perú, rechazando sus nominaciones, evitándolo para las designaciones, y designando en su lugar jueces provisorios en todo el sistema judicial.

Los últimos acontecimientos en Venezuela han debilitado enormemente las instituciones judiciales en ese país, aumentando la preocupación entre los grupos internacionales de derechos humanos como Human Rights Watch. Específicamente, en 2004, bajo la presidencia de Hugo Chávez, se sancionó una ley que aumentó la cantidad de miembros de la Corte Suprema de Venezuela de veinte a treinta y dos jueces. En un intento por renovar el poder judicial, el gobierno venezolano ha tomado medidas para ocupar cargos judiciales con funcionarios vitalicios. La única excepción, como lo citara el informe anual de la Comisión Interamericana de Derechos Humanos, fueron los Tribunales de Primera y Segunda Instancia en lo Contencioso Administrativo.[12]

El efecto de intervenir en los procedimientos constitucionales y jurídicos establecidos para asegurar la independencia de los funcionarios judiciales es indiscutiblemente negativo. Los jueces temporales que

Las designaciones en el poder judicial federal de México son responsabilidad del Presidente de la República, en el caso de los Jueces de la Corte Suprema, y del Consejo Federal de la Magistratura, en el caso de los jueces de los tribunales inferiores. Las designaciones en la Corte Suprema también requieren el consentimiento de los dos tercios del Senado. El Consejo Federal de la Magistratura, con la supervisión de la Corte Suprema, designa a los jueces de los tribunales inferiores, y determina el número y divisiones de los circuitos, así como también la competencia territorial de los Tribunales de Distrito y de los Tribunales de Apelaciones. El Consejo Federal de la Magistratura está compuesto por tres miembros designados por la Corte Suprema entre los Jueces de Circuito y los Jueces de los Tribunales de Distrito, dos miembros designados por el Senado y un miembro designado por el Presidente.

---

12 Informe Anual de la Comisión Interamericana de Derechos Humanos 2006 (Washington, DC: Organización de los Estados Americanos, Marzo 2007), http://www.cidh.org/annualrep/2006eng/Chap.4e.htm (consultado el 14 de junio de 2007).

se desempeñan según la voluntad del ejecutivo ofrecen grandes oportunidades a los funcionarios políticos y a otras partes interesadas para ejercer influencia sobre el proceso judicial. Asimismo, la existencia de jueces provisorios también agrega un elemento de incertidumbre al proceso de toma de decisiones abriendo la posibilidad de que un juez que dicta una sentencia una semana puede simplemente no estar en el cargo poco tiempo después y un nuevo juez puede revocar dicha sentencia.

Permanencia en el cargo

Existen varios sistemas de permanencia en los cargos judiciales en todo el mundo. A pesar de las diferencias, muchos de ellos, cuando se los mantiene en la práctica, brindan la seguridad laboral básica esencial para garantizar la independencia del sistema judicial. El dilema principal es el siguiente: cómo aislar lo suficiente a los jueces de las presiones políticas y económicas, asegurando al mismo tiempo, que siguen siendo responsables y competentes. En este sentido, la permanencia vitalicia en el cargo implica algunos riesgos. A continuación se explica cómo los países de América Latina y de todo el mundo han resuelto el problema.

- En Alemania, hay un período de prueba de tres años para los nuevos jueces. Después del período de tres años, los jueces pueden solicitar el cargo de por vida.
- En Argentina y Brasil, los jueces federales tienen mandatos por vida. Existe un período de prueba de dos años para los jueces federales de primer nivel en Brasil, después del cual pueden ser designados de por vida. Para el sistema judicial federal, existe una carrera judicial con su propia función pública. Tanto en Argentina como en Brasil, los jueces federales pueden ser destituidos por ley debido a su reputación y comportamiento.
- En Colombia, la permanencia en el cargo para todos los jueces y magistrados es de ocho años sin posibilidad de ser designados nuevamente. Los fiscales son designados por cuatro años igualmente, sin posibilidad de ser reelectos.

Responsabilidad judicial

La responsabilidad judicial es un arma de doble filo. Si bien es esencial para garantizar un sistema judicial que cumpla con los estándares previstos de equidad, profesionalismo y comportamiento ético, si se la aplica incorrectamente, puede ser también una herramienta de influencia política para castigar a jueces no complacientes. El tema central a considerar es dónde se ubica a la comisión encargada de supervisión y monitoreo y quiénes la integran. Las evaluaciones judiciales pueden ser realizadas por la Corte Suprema, otro organismo designado por el tribunal o un consejo judicial. La aplicación de medidas disciplinarias y sanciones a los jueces a menudo es diferente de la evaluación del desempeño de sus funciones. Si estuvieran organizadas y administradas independientemente, estas dos funciones—evaluación y disciplina— podrían ser medios efectivos para garantizar una mayor independencia judicial y profesionalismo. Si estas funciones están politizadas, sin embargo, pueden transformarse en una herramienta para el uso indebido de influencias y el debilitamiento del estado de derecho.

Existen diversos ejemplos de comités de supervisión en países fuera de América Latina.

En Alemania, un Tribunal de la Función Pública formado por jueces en actividad, está encargado de la supervisión de los jueces miembros. En Bélgica, la Corte Suprema es responsable de sancionar a los magistrados. Canadá tiene un Consejo Judicial para monitorear a los jueces federales. Inglaterra, sin embargo, no cuenta con una comisión encargada de supervisar a los magistrados.

En América Latina, existen sistemas disciplinarios judiciales pero a menudo son ignorados.

- En Perú, el Consejo Nacional de la Magistratura posee funciones disciplinarias. Pero, como otros organismos de este tipo en la región, ha sido víctima de la intervención del ejecutivo. En 1998, bajo la presidencia de Alberto Fujimori, una serie de acciones limitaron la autoridad del Consejo para designar y promover a los jueces, provocando que siete integrantes renunciaran y transitoriamente el Consejo quedó desmembrado. Fue reestablecido después de la renuncia de Fujimori.

- En México, el Consejo Federal de la Magistratura realiza el control disciplinario del poder judicial, excepto con respecto a la Corte Suprema de Justicia y a los Tribunales Electorales. En los últimos años, el poder judicial mexicano ha tratado de fortalecer las funciones, con notable éxito. Un informe de 2002 consideró que el Consejo había fortalecido el control administrativo y había investigado 2155 demandas contra el personal judicial, 287 de las cuales resultaron en sanciones.[13] En las recientes "33 Acciones para la Reforma Judicial en México", la Corte Suprema Federal destacó la importancia de los mecanismos para la designación, destitución y confirmación de los jueces que garanticen la autonomía de los magistrados en las Cortes Supremas a nivel federal y estatal y en los consejos judiciales.[14]

- En Brasil, la Comisión Internacional de Juristas ha reconocido la debilidad de los mecanismos del sistema judicial federal para la disciplina y el control interno. En un informe de 2002, concluyó que los "procedimientos de disciplina y sanciones instituidos para tratar con jueces y fiscales acusados de conducta indebida, mientras se desempeñaban en sus funciones, o por delitos comunes, son laxos e inadecuados".[15]

- En Chile, la legislatura tiene el poder para realizar "acusaciones constitucionales" o juicios políticos contra los integrantes de la Corte Suprema por abandono grave de sus funciones. Desde 1989, se han iniciado cinco procedimientos de juicio político, y en uno de ellos se destituyó a un juez en ejercicio.[16]

---

13 Comisión Internacional de Juristas, "Attacks on Justice 2002 – Mexico," Comisión Internacional de Juristas, Agosto 27, 2002, http://www.icj.org (consultado el 30 de mayo de 2007).

14 "33 Acciones para la Reforma Judicial en México," Poder Judicial de la Federación, Suprema Corte de Justicia de la Nación, 27.

15 Comisión Internacional de Juristas, "Attacks on Justice 2002 – Brasil," Comisión Internacional de Juristas, Agosto 26, 2002, http://www.icj.org (consultado el 30 de mayo de 2007).

16 Margaret Popkin, "Efforts to Enhance Judicial Independence in Latin America: A Comparative Perspective," Due Process of Law Foundation Working Paper (Noviembre 2001), 21.

FUNCIONARIOS PROFESIONALES Y COMPETENTES

Los pequeños empresarios a menudo no cuentan con los recursos humanos o financieros para incursionar en el sistema judicial. Su prosperidad y bienestar económicos dependen de que se les garantice que los jueces que deciden su futuro sean justos y capacitados.

Si bien no es suficiente en sí mismo, es necesario que exista un cuerpo profesional y competente de funcionarios públicos que integren el poder judicial y los cargos relacionados (jueces, fiscales, secretarios[17]) para lograr un sistema judicial independiente, efectivo y uniforme. Los funcionarios judiciales profesionales, bien capacitados y bien remunerados brindan una mayor probabilidad de que el sistema judicial sea respetado por los que trabajan en él, reducen el potencial de influencia política en el proceso judicial, ayudan a garantizar que los casos sean juzgados y decididos en base a la objetividad y a los detalles técnicos de la ley, y reducen la posibilidad de que los funcionarios sean sobornados. En este sentido, el prestigio percibido y real del sistema judicial contribuye a promover un mayor profesionalismo y a aislarlo de la corrupción política y económica.

Deben existir una serie de condiciones para asegurar que los sistemas judiciales puedan atraer y retener profesionales altamente calificados, competentes y respetados. El tema se relaciona no sólo con el nivel de educación o capacitación del personal o sus métodos de designación (analizados anteriormente) sino con los sueldos pagados al personal que puedan atraer a profesionales de calidad. Como con todos los temas que tienen que ver con la integridad judicial y la eficiencia, sin embargo, los aumentos de sueldos, si bien son necesarios, no son suficientes.

---

17 Aunque los principios analizados en este capítulo se aplican a todo el personal judicial, el capítulo se centra en los profesionales judiciales, específicamente los jueces, en lugar de los secretarios y otros empleados judiciales administrativos.

Principios

- Además del proceso de designación formal (descrito anteriormente), se deberían establecer estándares profesionales mínimos para el personal judicial, incluyendo pero sin limitarse a los jueces, para asegurar que los designados y los funcionarios tengan un conocimiento básico y capacidades técnicas en derecho y—si fuera necesario—en administración y gestión judicial.
- Los sueldos que garantizan un estándar de vida suficientemente alto atraerán y mantendrán a jueces, personal judicial y abogados calificados y respetables en sus cargos.
- Sueldos que garanticen un estándar de vida suficientemente alto también desalentarán la corrupción por supervivencia económica.
- Una educación moderna y de calidad, universitaria y de post-grado, en derecho y en campos de estudios judiciales relacionados, es esencial para capacitar a los profesionales que ocuparán los cargos en todas las funciones del sistema judicial y así establecer el estándar profesional en el país.
- La educación y capacitación legal permanente mantiene a los funcionarios judiciales al tanto de los aspectos técnicos del derecho, las nuevas leyes y cuestiones jurídicas emergentes.
- La promoción del personal judicial en base a la participación en programas de capacitación recompensa el profesionalismo y la educación continua.

EJEMPLOS

Estándares

Los estándares para los aspirantes a asumir el cargo de jueces son importantes, no sólo para garantizar un cuadro calificado de jueces, sino también, por la característica intangible del prestigio de la organización. Si los jueces creen que existe un elemento de exclusividad y mérito en una carrera judicial, es más probable que este tipo de carreras atraiga a individuos capacitados comprometidos con su profesión y con la ley.

En algunos países del hemisferio, los requisitos necesarios para ser juez son menores que en otras partes del mundo—un reflejo, como analizamos más abajo, relacionado en parte con la calidad de la educación. En algunos casos, los estándares de educación formal para los designados son bastante mínimos.

- Para ser designado juez en una municipalidad en Chile, el candidato necesita solamente el título de abogado, dos años de experiencia legal y debe tener por lo menos 25 años.[18]
- En Colombia, todos los funcionarios judiciales necesitan solamente un certificado profesional en derecho, y más de dos años de experiencia legal, aunque este requisito varía según el cargo.
- Para ser ministro de la Corte Suprema o juez de un tribunal federal inferior en México, el candidato debe tener por lo menos 35 años y haber ejercido la abogacía por lo menos durante diez años. Para controlar la designación de jueces abiertamente partidarios, la ley mexicana también exige que el designado no haya ocupado cargos ejecutivos o por elección durante el último año. El último informe oficial de la Corte Suprema Federal exige "la estricta aplicación de las regulaciones existentes relacionadas con la carrera judicial… para garantizar que la selección, designación, asignación, ratificación, promoción y destitución de los miembros del poder judicial se ajusten plenamente" a las regulaciones.[19]
- A nivel estatal en México, el gobierno de Chihuahua ha realizado grandes avances para restaurar el sistema judicial del estado. Esto incluyó una reforma institucional profunda y de largo alcance para aumentar la eficiencia, así como, los programas para mejorar los procesos de contratación, selección, capacitación y promoción de jueces. Siendo una de las iniciativas más radicales de la reforma en México, lo que ocurrió en Chihuahua bien puede generar, por ejemplo, programas similares en otros estados y en el sistema federal.
- La ley argentina establece que los jueces de la Corte Suprema deben ser abogados con por lo menos ocho años de ejercicio de la profesión. También establece un ingreso mínimo anual para los designados, con el fin de reducir la posibilidad de corrupción de los jueces una vez que asumen sus cargos.

---

18 Chile, Ley Orgánica, Art. 252.
19 "33 Acciones para la Reforma Judicial en México," 29.

Una innovación reciente en varios países ha sido el establecimiento de un examen para los jueces de los tribunales inferiores a ser supervisado por el consejo de la magistratura local u otro organismo similar.

- En Perú, los nuevos jueces que desean ser designados deben aprobar un concurso público organizado por el estado.
- Los jueces en Brasil también deben aprobar un examen público para ser admitidos en el sistema judicial federal. No obstante, existen inquietudes con respecto a los requisitos para dar el examen. Los jueces federales que aprobaron el examen a menudo ingresan en el poder judicial con poca experiencia legal práctica.
- En Argentina, los aspirantes a jueces federales deben aprobar un examen escrito y oral que es calificado por un jurado de pares y evaluado por el consejo federal de la magistratura.

Educación

El problema de la calidad de la educación y la capacidad técnica de los funcionarios judiciales empieza en las facultades de derecho y se extiende a las oportunidades para continuar con la educación y capacitación en derecho de los jueces y funcionarios judiciales una vez que ingresan al sistema. Una de las principales áreas de preocupación es el nivel de educación general que reciben los estudiantes de derecho en las universidades de América Latina. También son materia de preocupación los colegios de abogados, que a menudo no promueven suficientemente los estándares profesionales y éticos de los miembros, después de haber terminado los estudios universitarios.

Según el informe del Banco Mundial, a excepción de Argentina, muchos países de la región no tienen estándares de graduación uniformes para los estudiantes de derecho.[20] Los programas de estudio de derecho ofrecen poca información sobre cuestiones específicas o actuales en materia de derecho como los derechos de propiedad intelectual, derecho y economía, operaciones con títulos valores, finanzas y contabilidad.

---

20 Maria Dakolias, "The Judicial Sector in Latin America and the Caribbean," World Bank Technical Paper Number 319 (junio 1996), 55.

A excepción de las universidades chilenas, la mayoría no exige realizar prácticas profesionales.

Los estudios también demostraron que el bajo nivel de sueldos y prestigio no logran atraer a la carrera judicial a los egresados con mejores calificaciones. Según los estudios judiciales realizados entre 1985 y 1993 en México, en promedio, el 93 por ciento de los jueces y magistrados federales de México se graduaron en lo que se considera programas de derecho de calidad inferior.[21]

Para agravar el problema, una vez terminada la facultad, sólo un pequeño grupo de países, como Chile, tienen exámenes federales o estaduales/provinciales que los abogados deben aprobar para ejercer su profesión. La ausencia de exámenes oficiales a nivel federal o local en muchos países de América Latina significa que no existe un conjunto estándar de conocimientos o aptitudes que los abogados deben tener antes de empezar a ejercer. Como resultado, la desigual educación en las facultades de derecho no es corregida por exámenes habilitantes convencionales.

La capacitación y la educación continúan después de ingresar al sistema judicial y esa capacitación es esencial para mantener a los jueces actualizados sobre los temas emergentes en materia de derecho. Las instituciones de capacitación judicial pueden dividirse en dos modelos: la escuela judicial y el modelo de grupo de pares. La primera es más común en los sistemas de derecho civil y consiste en una institución de formación que depende del ministerio de justicia que se ocupa de capacitar a todos los funcionarios judiciales, incluyendo a los fiscales. Este es el modelo que existe en la mayoría de los países de América Latina, incluyendo Ecuador, Argentina, Brasil y Panamá.

> En Chile, para recibir una licencia de la Corte Suprema para ejercer la profesión, los abogados deben completar una pasantía no remunerada durante seis meses en la oficina de la defensoría pública. En Argentina, se están implementando medidas similares para incorporar la exigencia de la práctica no remunerada a los programas de las facultades de derecho.

Algunos organismos internacionales han alertado sobre las limitaciones del modelo de la escuela judicial. Una crítica es que las

---

21 Robert Kossick, "The Rule of Law and Development in Mexico," *Arizona Journal of International and Comparative Law* 21, no. 3 (2004), 742.

escuelas han sido diseñadas para todas las autoridades judiciales y el programa tiende a enfatizar la teoría en lugar del conocimiento práctico y las aptitudes necesarias para decidir casos. Asimismo, debido a que el modelo de escuela judicial está basado en la metodología de clases magistrales a diferencia del modelo basado en pares, ofrece menos oportunidades para la interacción entre los jueces sobre cuestiones de derecho e interpretación legal.

En Chile se ha elaborado un modelo interesante de capacitación judicial, que estableció una academia de formación independiente, que se basa en un programa de la escuela de negocios y un método de enseñanza para jueces. La academia también capacita a los jueces del Tribunal de Apelaciones en el área de administración y gestión judicial.

Sueldos

Garantizar que los jueces y funcionarios judiciales reciban una remuneración adecuada que esté protegida por ley, es un ingrediente esencial para atraer a juristas calificados, promover la moral, evitar la corrupción de la justicia y crear un sentido de profesionalismo. Lamentablemente, los sueldos de los jueces y funcionarios judiciales de América Latina a menudo son insuficientes.

Según un informe del Banco Mundial, en América Latina los sueldos de los funcionarios judiciales a menudo son menores a los sueldos promedio para cargos que requieren un nivel equivalente de educación en el sector privado e incluso en el sector público.[22] Los sueldos de los jueces en Uruguay, Paraguay y Bolivia son más o menos comparables con otros sueldos del sector público, pero muy por debajo de los sueldos del sector privado. Una excepción es el Presidente de la Corte Suprema de Chile que tiene un sueldo mayor incluso al del Presidente de la República.

La independencia de la capacidad del sistema judicial para fijar los sueldos también es esencial. En este sentido, las acciones del Poder Ejecutivo para imponer recortes salariales a los jueces pueden afectar gravemente la calidad e independencia de la justicia en un país. Los esfuerzos para recortar unilateralmente los salarios pueden tener un importante atractivo populista; pero la incapacidad para atraer y mantener a funcionarios capacitados al sector judicial, provoca un perjuicio a largo plazo al estado de derecho.

---

22 Dakolias, "The Judicial Sector in Latin America and the Caribbean," 14–15.

EFICIENCIA

La justicia lenta no es justicia.

El estado de derecho depende de la rápida resolución de casos y conflictos a ser dirimidos en el sistema judicial. Las demoras en el procesamiento de casos pueden constituir una grave carga a la capacidad del estado para administrar justicia. Incluso sistemas judiciales con personal bien capacitado y jueces designados adecuadamente no serán creíbles si son ineficientes. Cuando los casos se demoran, los litigantes quedan en el limbo. En términos económicos, el ritmo lento de la justicia, provocado por jueces que dilatan sus decisiones o postergan la resolución de conflictos, puede congelar recursos, impedir el crecimiento y funcionar como un freno a la inversión continua.

Pero las demoras en el sistema judicial también crean oportunidades para la corrupción. Los litigantes pueden ser tentados a "comprar" una resolución más rápida para un caso, menoscabando la integridad de la decisión en particular y del sistema judicial en general.

Principios

a. Fundamento en la ley

- Las decisiones judiciales de los jueces sólo deben estar sujetas a revisión de un tribunal superior.
- La administración judicial debe ofrecer una resolución clara y rápida de los casos.
- Los procedimientos de administración deben ser optimizados, para permitir el uso eficiente del tiempo de los jueces, a ser dedicado a resolver los casos.
- Los límites o estándares débiles sobre las condiciones que permiten la apelación pueden sobrecargar el sistema judicial y demorar la justicia.
- Los códigos de procedimiento para los tribunales y los ministerios de gobierno correspondientes deben establecer un marco para el procesamiento de casos y mecanismos claros y aplicables con limitaciones de plazos para la consideración y dictamen de los casos y para estar en condiciones de presentar apelaciones.

b. Aplicación

- Cuando existan, se deben aplicar los códigos procesales que fijan plazos y estándares para la consideración y apelación de casos, con el fin de garantizar que estos sean resueltos rápidamente y con equidad.

EJEMPLOS

En toda la región el trabajo judicial atrasado sigue siendo un grave problema. Que un caso tarde hasta diez años en ser resuelto es algo habitual. Las razones de estos retrasos son múltiples y provienen de la carga administrativa que tienen los jueces, del aumento de la litigación debido a las garantías constitucionales y legales de los derechos, de los estándares o límites débiles para presentar apelaciones, de la ineficiente asignación de causas y recursos dentro del sistema judicial, y del hecho de que para muchos gobiernos y partes con intereses económicos hay poco incentivo en acelerar las decisiones judiciales. En el caso de las partes con intereses económicos, en muchos casos la resolución más rápida de los casos simplemente acelera sus responsabilidades. Esa situación presenta un problema de acción colectiva; los que se benefician más con un sistema judicial más eficiente son a menudo los que están menos organizados o son menos poderosos.

Carga administrativa

En muchos países de la región, los jueces hacen más que considerar y resolver los casos: también administran. Según un estudio del Banco Mundial realizado a fines de la década de 1990, tareas como administrar los tribunales inferiores, adquirir material para los tribunales, y asignar y supervisar presupuestos, puede tomar la mayor parte del tiempo de un juez. A menudo los jueces y el personal judicial no están preparados para ocuparse de los temas básicos de la administración pública. Como resultado, en Brasil, esas actividades pueden llevar hasta el 65 por ciento del tiempo de los jueces federales, en Perú hasta el 69 por ciento,[23] y en Argentina hasta el 70 por ciento.[24]

---

23 Edgardo Buscaglia, María Dakolias y William Ratliff, "Judicial Reform in Latin America" (Stanford: Hoover Institute, 1995).

24 Dam, 12.

Volumen de casos

Otro obstáculo a la eficiencia judicial son las leyes y procedimientos que permiten un elevado volumen de demandas colectivas y normas y leyes que no establecen pautas y límites claros para las apelaciones. Aunque estos dos temas representan fenómenos distintos, ambos contribuyen a la sobrecarga judicial.

Por un lado, si bien el derecho y la capacidad para presentar una demanda colectiva permiten agrupar acciones individuales más eficientemente que obligar al tribunal a decidir cada una de ellas individualmente, una baja restricción para la admisión de esos casos puede desbordar a los tribunales. Por ejemplo, los cambios constitucionales en Brasil que permitieron a los ciudadanos presentar demandas colectivas contra el estado por no defender las numerosas garantías sociales y económicas enunciadas en la constitución provocaron una avalancha de este tipo de reclamos, afectando incluso a la Corte Suprema. Según un experto, "el acceso sin restricciones para todos había generado, como es lógico, el acceso para nadie".[25]

Para medir el retraso judicial se utiliza el "índice de depuración" de un sistema judicial, definido como la relación entre el número de casos resueltos en un año determinado y el número de casos presentados durante ese año. Según las estadísticas judiciales propias de los países, sólo los tribunales de unos pocos países pueden resolver casos a aproximadamente el mismo ritmo al que se presentaron. En 2003, los tribunales federales de Argentina tuvieron un índice de depuración del 91 por ciento; en Bolivia el índice fue del 64 por ciento, en Chile del 79 por ciento, en Ecuador del 16 por ciento, en El Salvador del 113 por ciento, en México del 99 por ciento, en Nicaragua del 19 por ciento y en Perú del 79 por ciento.

Fuente: Centro de Estudios de Justicia de las Américas, "Reporte sobre el Estado de la Justicia en las Américas 2004–2005," Centro de Estudios de Justicia de las Américas, http://www.cejamericas.org (consultado el 30 de abril de 2007).

---

25 William Prillaman, *The Judiciary and Democratic Delay in Latin America: Declining Confidence in the Rule of Law* (Westport: Praeger Press, 2000), 6.

Por otro lado, si bien el proceso de apelaciones permite la revisión de las decisiones por parte de un tribunal superior, y así facilita la uniformidad en la interpretación y aplicación de la ley, los débiles estándares que rigen las apelaciones en muchos países de América Latina han generado innumerables apelaciones en toda la jerarquía del sistema judicial. Esta práctica ha prolongado la resolución final de las demandas y ha recargado a los ya sobre exigidos sistemas judiciales. Aunque las indulgentes normas sobre apelaciones tienen el mayor impacto en los tribunales de segunda instancia, en algunos países también han afectado a la Corte Suprema. Por ejemplo, mientras que la Corte Suprema de Estados Unidos acepta alrededor de 200 casos por año, la Corte Suprema de Brasil considera más de 100.000 por año.[26]

Incluso cuando existen, los plazos para las decisiones judiciales y las limitaciones a las apelaciones, rara vez se cumplen. Según un estudio realizado por el Banco Mundial en 1996, el 100 por ciento de los casos observados en Venezuela no cumplen con los plazos exigidos; en Argentina, rara vez se cumplen los plazos en el sistema federal; y en Bolivia, rara vez se aplican sanciones contra jueces que no cumplen con los plazos. El procedimiento procesal boliviano para las causas en primera instancia se supone que insume 42 días, pero en el año en que se realizó el estudio, llevó 519 días.[27]

> Según un estudio de jueces mencionado por el Banco Mundial, el 73 por ciento de los jueces federales en Brasil manifestó que el elevado volumen de apelaciones es la causa principal de las demoras en el sistema judicial.
>
> Fuente: Maria Dakolias. "The Judicial Sector in Latin America and the Caribbean: Elements of Reform," World Bank Technical Paper (junio 1999), 34.

El otro factor que contribuye a agravar el problema de la demora judicial es el mecanismo judicial exclusivo de América Latina denominado amparo.[28] Este procedimiento que permite a un tribunal superior interrumpir una práctica o decisión injusta o legalmente

---

26 Dam, 15.
27 Dakolias, "The Judicial Sector in Latin America," 35.
28 Un amparo es una solicitud que permite a un tribunal, un litigante, o en algunos casos a un ciudadano, ordenar la aplicación de una ley, procedimiento o decisión judicial.

cuestionable de un tribunal inferior o estadual, es beneficioso porque promueve la uniformidad de los sistemas judiciales en materia civil que carecen de una base sólida en precedentes. Sin embargo, los beneficios de los amparos tienen un costo: las graves demoras en el proceso judicial. Si el procedimiento o sentencia en cuestión no se resuelve rápida y definitivamente, los amparos pueden dejar causas en un limbo legal en forma indefinida.

Algunos países están adoptando soluciones creativas para tratar el problema de la demora judicial:

- Dieciséis de diecinueve países de habla hispana actualmente están realizando o planean implementar una reforma al código de procedimiento penal que establece un sistema de juicio oral y acusatorio. Estas reformas han permitido juicios públicos que contribuyeron a establecer plazos claros y hacer que el sistema sea más transparente.
- En algunas reformas constitucionales y legales, los países han extendido los tribunales y sus competencias con éxito. Trece países de la región adoptaron reformas que le conceden a la Corte Suprema jurisdicción sobre asuntos constitucionales, otros crearon tribunales especiales para resolver conflictos sobre derecho de familia y otros introdujeron nueva tecnología para mejorar la administración de casos y, por lo tanto, acelerar el procesamiento de las causas.
- En Ecuador el gobierno lanzó una medida especialmente exitosa mediante la cual, optimizando los procedimientos en seis tribunales piloto, se redujo en un 85 por ciento el tiempo para procesar las causas.
- Algunos países también establecieron procedimientos de arbitraje que ayudaron a retirar causas de los tribunales, aliviando así la congestión.
- En Brasil el gobierno aprobó la enmienda constitucional 45 con el fin de alentar una mayor eficiencia judicial y control público sobre la administración de la burocracia judicial federal. Con este fin, se estableció el Consejo Nacional de Justicia, un organismo externo integrado por 15 miembros, para desarrollar y promover reformas específicas con el fin de mejorar el sistema judicial federal de Brasil.
- En México, la Suprema Corte de Justicia y el Congreso Nacional de ese país han propuesto una reforma del sistema

de amparos. La reforma apunta a reducir el efecto de los amparos en la demora para la resolución de casos, a la vez que pretende consolidar el amparo como un mecanismo para defender la constitución y proteger los derechos.

RECURSOS E INFRAESTRUCTURA

Para poder beneficiarse con un sistema judicial independiente y profesional, los nuevos emprendedores y pequeños empresarios necesitan tener acceso a cargos judiciales y comprender cómo funciona el sistema.

Un poder judicial efectivo e independiente requiere que el sistema judicial tenga un presupuesto y recursos suficientes para poder mantener la infraestructura, contratar funcionarios competentes, capacitar a los empleados, y desarrollar y sostener una presencia física en todo el país. Un poder judicial independiente también exige la autonomía presupuestaria del poder ejecutivo y del poder legislativo.

Pero el tema de los recursos es más que sólo la dimensión absoluta del presupuesto; cómo se asigna y gasta el presupuesto también es importante. Asegurar un uso efectivo de los recursos financieros depende de sistemas judiciales que cuenten con experiencia administrativa y fiscal para poder planificar, asignar y administrar los presupuestos de manera efectiva y eficiente. La asignación de recursos dentro del poder judicial tiene particular importancia, ya que se relaciona con la necesidad de contar con suficiente previsión presupuestaria

Antes de 1939 el Departamento de Justicia de los Estados Unidos se ocupaba del presupuesto judicial federal, y de las cuestiones relacionadas con el personal y las auditorías. Hoy en los Estados Unidos, estas responsabilidades están a cargo de la Oficina Administrativa de los Tribunales de Estados Unidos. El Presidente de la Corte Suprema y la Conferencia Judicial designan al director que ocupa este cargo. En Canadá el Ministro de Justicia defiende el presupuesto judicial en la legislatura.

y los medios para asegurar la satisfacción de las necesidades de las comunidades pobres y rurales.

Tampoco debe descuidarse la creación y mantenimiento de las instalaciones judiciales (o infraestructura física básica) que son esenciales para el estado de derecho. Los elementos básicos como oficinas, seguridad, instalaciones para audiencias, y espacio para archivo son esenciales para la creación de las condiciones básicas en las que puede desarrollarse el estado de derecho. Pero en muchas instalaciones judiciales, especialmente en áreas rurales y peri-urbanas, estos factores básicos están ausentes.

Principios

a. Fundamento en la ley

- El sistema judicial requiere un presupuesto adecuado para mantener la infraestructura, sueldos y otros costos.
- El monto del presupuesto judicial y su asignación interna deben ser determinadas y fijadas independientemente de intereses o cálculos partidarios o políticos.
- El acceso amplio de los ciudadanos a los cargos de un sistema judicial eficiente e independiente es la piedra fundamental para proporcionar la seguridad básica y la protección esencial para la democracia y el estado de derecho.

b. Aplicación

- Los presupuestos judiciales establecidos en las constituciones o leyes deben ser respetados en la práctica.
- Los sistemas judiciales deben asignar recursos presupuestarios en forma racional que contemplen la población, necesidad, demanda, equidad y eficiencia.

EJEMPLOS

En los últimos años, la tendencia en la región ha sido establecer, ya sea en la constitución o en la ley, un porcentaje fijo del presupuesto federal para el sistema judicial federal. Las asignaciones fijas tienen como fin impedir la interferencia política en el proceso de asignación del presupuesto y garantizar recursos eficientes para el poder judicial. Las constituciones de Argentina, Costa Rica, El Salvador, Panamá,

Paraguay, Puerto Rico y Venezuela establecen que un determinado porcentaje del presupuesto fiscal total sea asignado al poder judicial. El último informe oficial emitido por la Suprema Corte de Justicia Mexicana exige una reforma constitucional para asegurar que el "poder judicial y otros organismos de administración de justicia reciban un presupuesto anual que no sea inferior, en términos reales, al presupuesto del año anterior" y está relacionada con "programas de varios años con objetivos definidos y mecanismos transparentes de responsabilidad".[29]

Si bien la tendencia en la región ha sido aumentar los recursos asignados al sistema judicial, los presupuestos judiciales a menudo no realizan un seguimiento sobre una base per cápita. A continuación una breve comparación del porcentaje del presupuesto dedicado al poder judicial y al presupuesto judicial per cápita.

	Presupuesto judicial como % del presupuesto federal	Presupuesto per cápita de Poderes Judiciales 2005–2006 (en dólares estadounidenses)[30]
Argentina	1,14% (2005)	10,4*
Bolivia	1,01% (2004)	5,0
Brasil	0,97% (2004)	26,6**
Chile	5,3% (2005)	21,9
Colombia	1,04% (2004)	11,9***
Perú	2,33% (2004)	9,8

* Poder Judicial de la Nación
**Tribunales Federales, del Trabajo y Estadual
***Tribunales, Corte Suprema, Consejo de la Magistratura, Consejo del Estado y Corte Constitucional

Si bien proteger la autonomía y estabilidad del presupuesto de la influencia política es esencial para lograr un poder judicial independiente, con simplemente aumentar los recursos no se garantiza un poder judicial más eficiente y efectivo. Un estudio comparativo

---

29 "33 Acciones para la Reforma Judicial en México," 29.
30 Centro de Estudios de Justicia de las Américas, "Reporte sobre el Estado de la Justicia en las Americas 2006–2007," Centro de Estudios de Justicia de las Américas, http://www.cejamericas.org (consultado el 28 de diciembre de 2007).

de las asignaciones presupuestarias y la eficiencia judicial en América Latina y el Caribe determinó que "no existe correlación entre el nivel general de recursos y el tiempo que tardan en resolverse los casos".[31]

Si el objetivo es la eficiencia y el acceso, la pregunta en realidad es, cuánto dinero se asigna y se gasta internamente, más que, los números absolutos del presupuesto.

Una medida de la asignación eficiente, aunque imperfecta, es la cantidad de jueces per cápita. En total, en toda la región, la cantidad de jueces per cápita está aumentando. En Chile, por ejemplo, entre 2002 y 2004 la cantidad de jueces por cada 100.000 habitantes aumentó un 7 por ciento; en Colombia, la cantidad se incrementó un 40 por ciento entre 2001 y 2004.

No obstante, el número de jueces per cápita, si bien nos brinda una indicación bruta del acceso a la justicia para abogados y ciudadanos, y los posibles obstáculos a esa eficiencia, no revela mucho sobre la eficiencia de esa asignación o la efectividad individual de los jueces. En gran parte, esto es porque no sabemos nada sobre qué tan bien capacitados están los jueces, su carga administrativa o de causas, o la distribución de jueces en todo el país y entre las diferentes jurisdicciones. Por ejemplo, Chile tiene una de las menores cantidades de jueces por habitante en la región pero el tercer índice más elevado de depuración. Como regla

Numero de jueces por cada 100.000 habitantes (2005–2006)	
Costa Rica	17,4
Uruguay	14,3
Colombia	11,2
Bolivia	9,7
Perú	7,6
Brasil*	7,1
Ecuador	6,8
Venezuela	6,6
Chile	6,2
Argentina**	2,3
México***	0,9

*Justicia Federal, del Trabajo y Estadual
**Poder Judicial de la Nación
***Poder Judicial Federal

Fuente: Centro de Estudios de Justicia de las Américas, "Reporte sobre el Estado de la Justicia en las Americas 2006–2007," Centro de Estudios de Justicia de las Américas, http://www.cejamericas.org (consultado el 28 de diciembre de 2007).

---

31 Juan Carlos Botero, Rafael LaPorta, Florencio López-de-Silanes, Andrei Shleifer, y Alexander Volokh, "Judicial Reform", World Bank Research Observer 18, No. 1 (2003): 61–88.

general, los sistemas judiciales deben establecer medios sistemáticos para asignar jueces y recursos en todo el país y en diferentes juzgados (penal, laboral, comercial, etc.) en base a criterios claros y objetivos incluyendo demanda, necesidad y población.

El mejor ejemplo es Brasil. A pesar de tener el presupuesto judicial federal más alto por habitante, sólo el 31 por ciento de la población tiene acceso a servicios judiciales. Aquí el problema no es sólo la presencia institucional de los tribunales. Para los pobres, también incluye el acceso a un asesor legal. Según un estudio reciente, existen sólo 3.600 defensores públicos para los aproximadamente 75 millones de pobres. En un país con la tercera mayor cantidad de abogados en el mundo, la falta de defensores públicos tiene que ver con la desigual administración de justicia en el sistema judicial y los ministerios públicos encargados de administrar justicia para los pobres, claramente y no con la falta de profesionales capacitados.

TRANSPARENCIA

Es más probable que los ciudadanos utilicen y tengan confianza en el poder judicial si saben cómo funciona.

En su sentido más básico, la transparencia significa que las leyes y su aplicación deben ser de público conocimiento. La falta de transparencia en las leyes puede conducir a la aplicación e interpretación arbitrarias de las leyes y las regulaciones. Aquéllos a quienes se aplicará la ley (ciudadanos, organizaciones, empresas) deben poder conocer en qué consiste la ley y comprender cómo se aplicará.

La transparencia también se refiere a la organización y operación del sistema judicial como una burocracia. En temas relacionados con el proceso de designación de los jueces (considerando sus calificaciones y las deliberaciones relacionadas con su nombramiento), incluyendo la información financiera básica del poder judicial (teniendo en cuenta los sueldos de los funcionarios) y los medios por los cuales los tribunales asignan causas, la transparencia es esencial para que las partes involucradas y el público controlen la independencia judicial. Esto también se aplica a las decisiones judiciales; si las decisiones, con la opinión del juez, se hacen públicas, las partes afectadas y el público en general podrán comprender y evaluar el fundamento de la decisión. Esas medidas sirven como un control potencial del cambio arbitrario de una decisión por parte del ejecutivo o de otro tribunal fuera de los canales legales para una apelación o sentencia.

El fenómeno de la inadecuada "penalización" de las acciones civiles proviene en gran parte de la falta de transparencia del sistema judicial que permite a los funcionarios transferir arbitrariamente causas del fuero civil al penal. En esas situaciones, los demandados o los litigantes en una causa comercial común que, por ley, sería tratada como una causa civil se encuentran en procedimientos penales, que a veces pueden resultar en una orden de arresto. Según una fuente, un caso en México en el que a una empresa se le convirtió una causa civil arbitrariamente en penal resultó en la pérdida de más de 200 millones de euros que no fueron invertidos en el país.

Si bien no es exclusiva de un sistema jurídico en particular, la penalización de juicios civiles es más común cuando el gobierno tiene un mayor papel en la investigación y control sobre la misma, como en los sistemas de derecho civil. La mayor participación del gobierno les da a los litigantes una mayor oportunidad de controlar a los funcionarios corruptos.[32] En estos casos, la transparencia sobre las operaciones judiciales desalentará a los funcionarios de sucumbir ante las demandas de un litigante por fuera de los límites del procedimiento legal formal.

Con niveles sorprendentemente bajos de confianza pública en el poder judicial, establecer y mantener un nivel mínimo de transparencia sobre las funciones básicas del sistema judicial ayudará a mejorar el acceso de los ciudadanos a su sistema judicial y la confianza en el mismo.

La transparencia en el sector judicial no puede ser tomada como un enfoque comodín para ser implementado en todos los casos. En algunos asuntos judiciales, el secreto profesional es esencial para proteger a los testigos y evitar la influencia externa o indebida sobre la asignación de un caso.

---

32 Susan Schmidt, "Evaluating an International Business Risk: Criminalization of Civil Disputes," *German American Trade* 17, No. 9 (2006):17–19.

Principios

a. Fundamento en la ley

- Las leyes y regulaciones deben ser de público conocimiento y claras en su significado.
- La información administrativa básica incluyendo presupuestos, gastos y sueldos debe, por ley, ser información pública.
- Las leyes deben garantizar que las sentencias judiciales y las opiniones de los jueces sean información pública y esté disponible cuando se la solicite.
- La asignación de casos a jueces en los tribunales a los que pertenecen es un asunto interno de administración judicial. Sin embargo, cómo y por qué esos casos fueron asignados a los tribunales o sistemas judiciales debería ser de público conocimiento.
- Deberían existir mecanismos legales para permitir que los ciudadanos soliciten copias de ciertos documentos legales, incluyendo decisiones y transcripciones de los procedimientos.

b. Aplicación

- Las leyes y regulaciones aplicadas por el poder judicial y los organismos reguladores deben estar a disposición del público en forma impresa.
- La información sobre ubicación de los juzgados, procedimientos, sentencias e información sobre la administración judicial debe estar a disposición del público.
- El secreto profesional será obligatorio para el poder judicial con respecto a sus deliberaciones y la información confidencial adquirida durante el desempeño de sus funciones más allá de los procedimientos públicos, y los funcionarios judiciales no deben ser obligados a testificar sobre esos asuntos.

EJEMPLOS

Conocimiento de las leyes

Un índice desarrollado por Kurtzman Group mide el nivel de transparencia de la ley en todo el mundo. Denominado el Índice de Opacidad, la escala mide la falta de claridad en las estructuras económicas, normativas y oficiales en cada país que puede afectar negativamente la inversión y el comercio global. Los países son comparados en una escala del 0 a 100 siendo el número más bajo el mejor puntaje general (mayor transparencia).[33]

Índice de Opacidad Legal (2004)

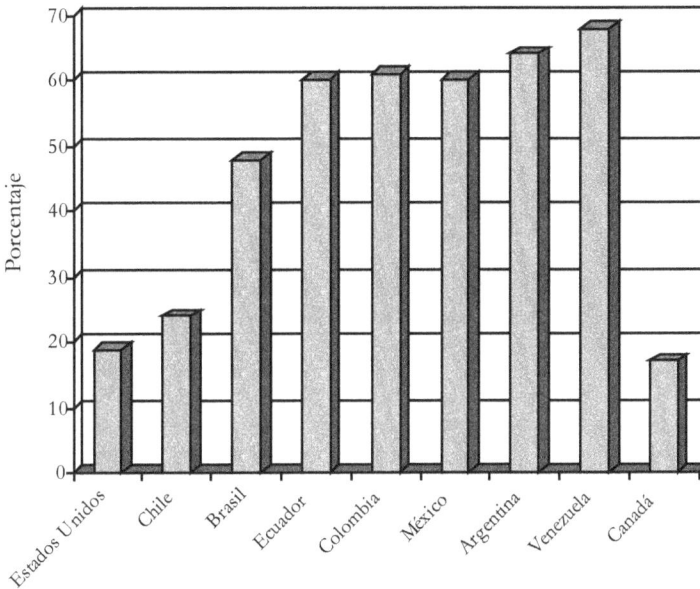

- Entre 2001 y 2004, los países de América Latina mejoraron su nivel de transparencia, siendo Chile (mejora del 25 por ciento) y Brasil (mejora del 23 por ciento) los que experimentaron las mayores mejoras.
- Sin embargo, al compararlos con el resto del mundo desarrollado, los sistemas jurídicos y judiciales de América

---

33 "The Opacity Index 2004," Kurtzman Group, http://www.opacityindex.com (consultado el 30 de abril de 2007).

Latina fueron significativamente menos transparentes, con una gran variedad en toda la región.

Transparencia del sistema judicial

Los países de la región han hecho notables avances para poner la información básica sobre su sistema judicial a disposición del público. Por ejemplo, los presupuestos y su asignación ahora se publican. La información sobre el volumen de casos por juzgado y el flujo de los mismos también está a disposición del público en casi todos los países, aunque es menos evidente en los países del Caribe. Sin embargo, a menudo son menos claros los estándares para asignar casos y para permitir apelaciones.

Una herramienta con que cuentan los gobiernos es la Internet. Cada vez más, los gobiernos cargan información judicial básica en Internet acerca de las causas que ingresan al sistema judicial, la situación de las mismas y las sentencias. Es cierto que este sistema no es una solución perfecta dados los bajos niveles de penetración de Internet en todos los países, pero representa un medio fácil y rápido de poner la información a disposición de algunos individuos o grupos interesados, incluyendo abogados y asociaciones legales.

Sin embargo, incluso en esta área los gobiernos de la región han tardado mucho en aprovechar esta herramienta de bajo costo. Según un estudio realizado por CEJA, el cual está disponible en Internet, existe una enorme diferencia entre los países con respecto a la disponibilidad de la información judicial vía Internet. Mientras varios países han realizado notables avances, otros han quedado muy retrasados. Por ejemplo, entre 2004 y 2007, la accesibilidad a la información judicial aumentó un por medio de 37 por ciento en Panamá, El Salvador y Honduras; mientras, la accesibilidad disminuyó un 17 por ciento en los Estados Unidos y 15 por ciento en México.

Índice de acceso a información por Internet:
Tribunales de Justicia (2007)

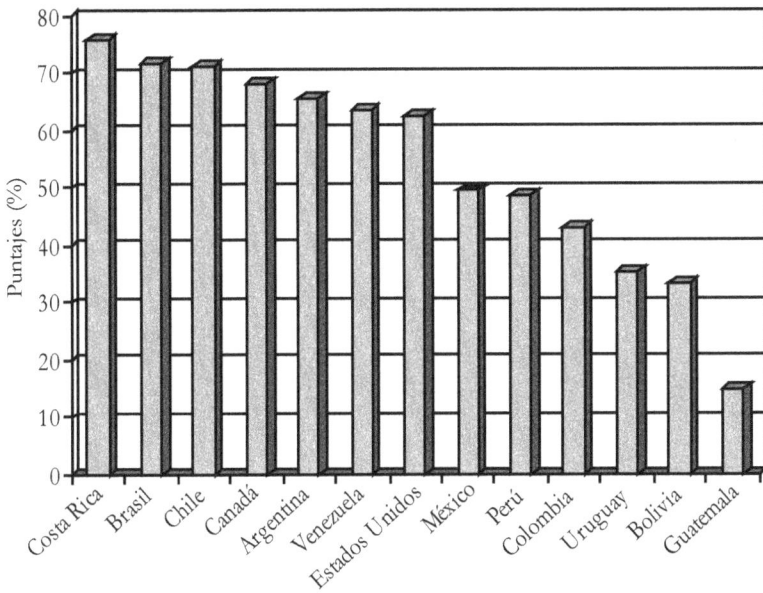

Fuente: Centro de Estudios de Justicia de las Américas, "Índice de accesibilidad
a la información judicial en Internet," 2007, Centro de Estudios de Justicia de
las Américas, http://www.cejamericas.org (consultado el 28 de diciembre de
2007).

MARCO REGULATORIO PARA NEGOCIOS
E INVERSIONES

Un marco regulatorio reúne todas las piezas diversas del proceso de regulación, desde el desarrollo de una propuesta reguladora hasta su promulgación y aplicación por los organismos de regulación y los tribunales. Si bien las leyes son elaboradas por el poder legislativo, las regulaciones provienen de los organismos o ministerios del ejecutivo. Es este proceso el que ofrece una gran oportunidad para el debate y aporte público. Una vez en vigencia, las regulaciones también difieren de las leyes en cómo se aplican y, consecuentemente, el nivel hasta el que pueden ser cuestionadas. Las regulaciones redactadas fuera de la ley escrita específica pueden ser cuestionadas más fácilmente por las partes agraviadas. Como resultado, la claridad de la norma es esencial para garantizar que las regulaciones, tal como están redactadas, sean aplicadas de manera previsible.

¿Qué relación hay entre un marco regulatorio para negocios e inversiones y el estado de derecho?

Un marco regulatorio es esencial para las condiciones básicas necesarias para el estado de derecho. Los consumidores, los negocios e inversiones dependen de un marco regulatorio predecible, transparente y justo. Un marco regulatorio, si estuviera efectiva e independientemente elaborado y aplicado, limita el poder del estado, protege contra la intervención arbitraria de los gobiernos, garantiza igualdad de condiciones para los negocios e impide el abuso de poder por parte de intereses económicos, que actúan individualmente o en complicidad.

> Las regulaciones son restricciones legales promulgadas por un organismo gubernamental que tienen el mismo efecto obligatorio que la ley escrita. El objetivo general de una regulación es implementar una ley específica en forma adecuada y garantizar el cumplimiento de la esencia de la ley.

A la vez, los consumidores, las minorías y otros dependen de las regulaciones por su función exclusiva de establecer parámetros laborales, proteger la salud y seguridad de los consumidores y los parámetros ambientales.

Un proceso regulatorio efectivo permite a los pequeños empresarios y otros grupos de interés participar en el proceso de formulación de normas garantizando una mayor responsabilidad del gobierno y de los intereses económicos. Estas medidas aumentan la comprensión pública de la aplicación justa y uniforme de las regulaciones y generan confianza en la imparcialidad del sistema jurídico de un país.

¿Por qué es importante para el crecimiento económico y la prosperidad contar con un marco regulatorio para los negocios y las inversiones?

Un marco regulatorio que funcione correctamente puede aumentar el desarrollo de la pequeña empresa y alentar a las firmas a que ingresen en la economía formal. Un aumento de los empleadores del sector formal genera más trabajos, disminuyendo el desempleo y aumentando los ingresos provenientes de impuestos para programas nacionales. En una región con el 25 por ciento de su población que vive por debajo de la línea de pobreza, la capacidad de los ciudadanos para empezar y desarrollar una actividad comercial ofrece una de las mayores esperanzas para mitigar la pobreza y la desigualdad.[34]

Los procedimientos sumamente complejos, engorrosos y costosos para la inscripción, habilitación y funcionamiento de una empresa desalentarán a los empresarios de ingresar en la economía formal y legal. Como lo demostró fehacientemente Hernando de Soto, en América Latina los obstáculos para ingresar en la economía formal llevaron a la proliferación de actividades económicas marginales, a lo que se denomina economía informal. Son las pequeñas y medianas empresas las que más sufren la carga de un entorno sumamente regulado y que a menudo carecen de recursos humanos y financieros para sortear los misteriosos y costosos procedimientos burocráticos. Los empresarios que desean establecer pequeñas y medianas

---

34 La línea de pobreza se define como la capacidad de vivir con menos de U$S 2 por día. En la Comunidad Andina, el porcentaje de gente que vive en situación de pobreza aumentó un 10 por ciento (alcanzando el 34 por ciento) desde comienzos de la década de 1990. Fuente: Guillermo Perry, Omar Arias, J. Humberto López, William Maloney y Luis Servén, "Poverty Reduction and Growth: Virtuous and Vicious Circles" (Washington, DC: The World Bank, 2006), 23.

empresas requieren un marco regulatorio transparente con reglas que no sean demasiado agobiantes ni excesivamente complejas.

Las regulaciones bien concebidas e implementadas también pueden contribuir a mejorar el servicio brindado por las industrias reguladas. Esto es esencial ya que muchas de estas industrias—agua, electricidad, telefonía, y servicios públicos—suministran los servicios esenciales para la infraestructura básica de un país y sus ciudadanos.

> En América Latina, la media de los países recauda un 4 por ciento menos en ingresos por impuestos que lo esperado dado el nivel de desarrollo. En Argentina, esa cifra aumenta a un abrumador 12 por ciento.
>
> Fuente: Guillermo Perry, Omar Arias, J. Humberto López, William Maloney y Luis Servén, "Poverty Reduction and Growth: Virtuous and Vicious Circles" (Washington, DC: The World Bank, 2006), 95.

Un ambiente regulatorio estable, predecible y responsable también atrae las inversiones internacionales en sectores regulados, como el sector bancario, el de telecomunicaciones y la extracción de recursos. Las empresas que quieren invertir buscarán un entorno estable en el que puedan contar con un ambiente justo y equilibrado que pueda ofrecer la posibilidad de altos rendimientos y/o bajo riesgo de inversión.

Otro sector de la economía afectado por el marco regulatorio es el mundo de comercio electrónico o e-commerce que viene creciendo rápidamente.[35] En 2006, los ingresos provenientes del comercio electrónico mundial alcanzaron los U$S 102.100 millones. Los enormes flujos de inversiones y gastos de los consumidores por Internet implican un acceso a mercados no penetrados para las empresas de América Latina. Sin embargo, ahora que las ventas y las operaciones de inversión se realizan cada vez más por Internet, los

---

35 E-commerce es la abreviatura de comercio electrónico. Una manera de realizar operaciones comerciales en tiempo real a través de redes de telecomunicaciones, cuando el cliente y el comerciante se encuentran en distintos lugares. [Mattila] *Nota:* El comercio electrónico es un concepto amplio que incluye la exploración virtual de los productos en venta, la selección de productos a comprar y los métodos de pago. El comercio electrónico opera sobre la base de la buena fe, sin acuerdos previos entre los clientes y comerciantes y vía Internet usando todas o alguna combinación de tecnologías diseñadas para intercambiar datos (como EDI o el e-mail), acceder a datos (como las bases de datos compartidas o los tableros de anuncios electrónicos), y para capturar datos (mediante el uso del código de barras y los lectores de caracteres magnéticos u ópticos).

países que tienen dificultad en establecer un marco regulatorio creíble, con mecanismos de aplicación efectivos, atraerán menos ingresos de capital que aquellos países o regiones que brindan la protección y aplicación necesarias.

> En 2004, el ingreso bruto de capitales privados (medidos por porcentaje del PBI) en América Latina fue un 18 por ciento menor al del ingreso en otras partes del mundo.
>
> Fuente: International Monetary Fund, "World Economic Outlook," September 2006: Chapter 2 "Country and Regional Perspectives".

Principios básicos

Para alcanzar un marco regulatorio sólido para las empresas e inversiones es necesario contar con un marco básico de:

- consultas amplias con los grupos de interés pertinentes para escuchar sus sugerencias en el desarrollo y redacción técnica de la regulación;
- acceso a las regulaciones propuestas y abundantes oportunidades para los comentarios y aclaraciones durante el proceso de publicación previo a la aprobación;
- claridad y consistencia en los procesos de emisión y toma de decisiones detrás de las regulaciones;
- transparencia en la elaboración, publicación y aplicación de las regulaciones;
- regulaciones basadas en leyes;
- personal competente y receptivo con tecnología suficiente y educación y capacitación adecuadas;
- regulaciones claras y simplificadas relacionadas con la constitución y el funcionamiento de las empresas;
- previsibilidad en los organismos de aplicación de las regulaciones; y
- equidad en la aplicación de las regulaciones de acuerdo con la ley según los casos y el objeto.

Estos principios se aplican a los aspectos del marco regulatorio en la medida en que se relacionan con la economía y las inversiones: las regulaciones que rigen la constitución de sociedades, el régimen tributario, las leyes que afectan las industrias reguladas, y las regulaciones que afectan las inversiones. Cada uno de estos criterios se analiza en detalle en las siguientes secciones. En cada sección, el capítulo primero relaciona los criterios con el tema más amplio del estado de derecho, y luego señala una serie de principios normativos para aplicar cada uno de estos criterios para fomentar el estado de derecho. La sección concluye con ejemplos de prácticas y leyes de todo el mundo concentrándose en América Latina.

REGULACIONES QUE RIGEN LA CONSTITUCIÓN Y EL FUNCIONAMIENTO DE LAS EMPRESAS

Un proceso abierto e inclusivo para la elaboración, publicación y aplicación de las regulaciones alentará más oportunidades para los nuevos emprendedores.

Las regulaciones comerciales incluyen todos los procedimientos monetarios y administrativos que deben seguirse para que un empresario pueda actuar legalmente. Estas regulaciones pueden dividirse en dos tipos: uno para el inicio y otro para el funcionamiento; y cada uno de ellos presenta costos monetarios e indirectos. Como lo indicaran Jannson y Chalmers, los procedimientos específicos incluidos en cada una de estas categorías incluyen:[36]

- costos monetarios iniciales como aranceles de inscripción y otras cargas pagadas en el proceso de inscripción;
- costos indirectos iniciales incluyendo gastos administrativos y lucro cesante debido al tiempo utilizado en el proceso de inscripción;
- costos monetarios acumulables como impuestos y permisos renovables; y
- costos indirectos acumulables incluyendo gastos administrativos relacionados con el cumplimiento.

Un análisis del entorno regulatorio comercial de América Latina demuestra que es uno de los más regulados del mundo. Según el informe del Banco Mundial *Doing Business in 2008*, el tiempo para la puesta en marcha de una empresa en América Latina y el Caribe es 12 días más largo que en África Subsahariana, permitiéndole

---

36 Tor Jansson y Geoffrey Chalmers, "The case for business registration reform in Latin America" (Washington, DC: Inter-American Development Bank, julio 2001), 3.

tener el título indeseable de la región más lenta del mundo para introducir una compañía comercial o industrial. Concentrándonos solamente en los gastos administrativos, las regulaciones de América Latina, en promedio, exigen que los emprendedores sorteen más obstáculos y cumplan con más procedimientos que en cualquier otra parte menos África Subsahariana. Esto genera costos monetarios y administrativos a corto y largo plazo para la región que tiene la desafortunada distinción de incluir a tres de los diez países que más regulan el inicio de actividades comerciales. El gráfico siguiente ofrece una comparación país por país del plazo de inicio de actividades a nivel regional.[37]

Cantidad de días para iniciar una actividad comercial (2007)

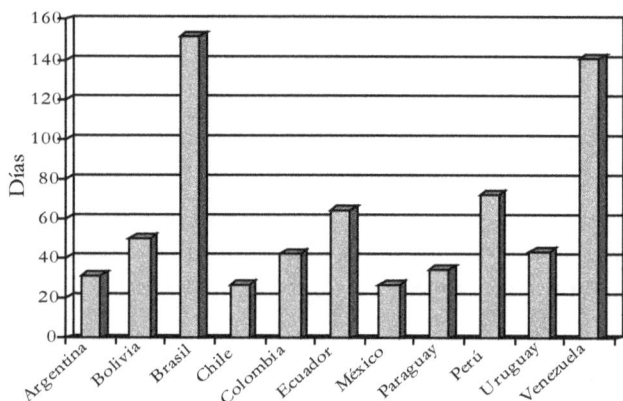

En América Latina, los organismos reguladores deberían ser conscientes de los costos que implica para la sociedad cuando la inscripción de una empresa se vuelve extremadamente complicada, descentralizada o costosa. El primer paso en el desarrollo de un ambiente más amigable para las empresas es iniciar el proceso para desarrollar y debatir regulaciones.

El costo de iniciar una actividad comercial en América Latina y el Caribe es equivalente al **43,6** por ciento del ingreso bruto nacional per cápita—un **8,9** por ciento más que en Asia Oriental y el Pacífico.

Fuente: *Doing Business in 2008*.

---

37 *Doing Business in 2008* (Washington, DC: The International Bank for Reconstruction and Development / Word Bank, September 2007).

Un proceso abierto e inclusivo para el desarrollo y promulgación de regulaciones permitirá que un espectro más amplio de interesados tenga participación. Un mayor debate y participación garantizan que las regulaciones sean técnicamente adecuadas para la industria en cuestión, gocen de más aceptación de las partes involucradas y reflejen diversidad de opiniones. Esto último, es particularmente importante para la pequeña y mediana empresa que en debates más cerrados pueden carecer del peso económico y de las conexiones políticas para garantizar que las regulaciones no discriminen en su contra. Las regulaciones definitivas deben reflejar un amplio rango de intereses.

Para la pequeña y mediana empresa es esencial que uno de los principales costos recurrentes, la tributación, se aplique de manera justa y no discriminatoria. Una estructura impositiva arbitraria y difícil de comprender generará menos ingresos públicos expulsando a los empresarios de la economía formal. Por el contrario, las regulaciones claras y estables aplicadas de manera equitativa crean un entorno predecible para el crecimiento y pueden fomentar un mayor cumplimiento impositivo.

A la vez, la creación de un marco impositivo transparente y comprensible, junto con las instituciones necesarias para garantizar la recaudación y administración, pueden ser un factor importante para generar confianza en el sistema impositivo. Reducir la corrupción también puede ayudar a aumentar la voluntad de los ciudadanos de pagar impuestos. Finalmente, la combinación perfecta es la que garantiza los objetivos de las regulaciones con la necesidad de alentar el cumplimiento.

> Los empleados que operan en la economía informal a menudo no gozan de los derechos garantizados a los trabajadores, de condiciones de trabajo seguras o de beneficios en materia de salud y seguridad social. A su vez, los consumidores no pueden estar seguros de que los productos cumplan con los estándares nacionales de salud y seguridad. La operación informal también priva al gobierno de los ingresos provenientes de impuestos que son tan necesarios. Para las empresas, la informalidad limita el acceso al crédito, afectando así el potencial para el crecimiento.

Principios

a. Fundamento en la ley

- Las regulaciones deben ser elaboradas a través de un proceso público anunciado, claro y accesible que incite a la participación de los interesados.
- El proceso de análisis debe tratar de garantizar que las normas sean técnicamente prácticas y cumplan con el fin establecido.
- Toda la información relacionada con los requisitos y procedimientos de inscripción debe estar a disposición del público y ser de fácil acceso para ellos.
- Las normas y procedimientos de presentación deben ser simples y claros para facilitar el ingreso al mercado de la pequeña y mediana empresa.
- Se deben minimizar los cambios en los aranceles fijos o la complejidad administrativa, ya que esas acciones afectan a los pequeños emprendimientos más sensibles y vulnerables que a los de gran envergadura.
- Los costos de inscripción deben ser fijos, claros y lo suficientemente bajos para no desalentar a los pequeños emprendedores.
- Debe existir coordinación de políticas entre el gobierno central y los gobiernos locales/regionales.

Regulaciones impositivas
- Se deben mantener las cargas impositivas para las empresas que se inician a un nivel que aliente su ingreso a la economía formal.
- Los organismos tributarios deben estar libres de influencia o intromisión política a la vez que siguen siendo responsables y profesionales.
- Los organismos tributarios deben mantener una estructura de incentivos que aliente la recaudación uniforme de impuestos de acuerdo con la ley.
- Se debe priorizar una mayor simplificación de las regulaciones impositivas, junto con la comunicación entre las autoridades tributarias, para facilitar la carga administrativa sobre las pequeñas empresas.

- Los mecanismos para promover la transparencia deben disminuir las oportunidades reales o presuntas de corrupción.

b. *Aplicación*

- La inscripción de la empresa debe ser un proceso administrativo, no judicial.
- Se debe mantener un ciclo de retroalimentación en el que las empresas pueden brindar sus opiniones en relación con la reforma del proceso de inscripción.
- Las solicitudes de inscripción deben manejarse con celeridad.
- Las poblaciones rurales deben beneficiarse con la igualdad de acceso al proceso regulatorio y su comprensión.
- Los organismos públicos responsables de la constitución de sociedades deben ser independientes de la influencia política.

Regulaciones impositivas
- Los pagos por impuestos y permisos renovables deben ser simplificados y consolidados para promover un mayor cumplimiento.
- Los organismos recaudadores deben recaudar según la ley y de una manera no arbitraria.
- Se deberían implementar mecanismos, incluyendo la revisión judicial, para reparar los abusos de poder y otros errores de los organismos recaudadores de impuestos y la resolución de esos asuntos debe ser rápida.

México actualmente tiene uno de los menores ingresos por impuestos—menos del 15 por ciento del PIB. Si más negocios salen de la economía informal y se reforma la estrategia de recaudación impositiva, el gobierno podrá aumentar significativamente los ingresos fiscales. En septiembre de 2007 el congreso aprobó la Reforma Fiscal.

Fuente: Economist Intelligence Unit.

EJEMPLOS

Tanto en América Latina como en otras partes del mundo, se pueden citar numerosos ejemplos positivos de países que adoptaron procesos de audiencias públicas, redujeron los tiempos de puesta en marcha de actividades comerciales, simplificaron procedimientos, implementaron pautas claras y transparentes y/o disminuyeron las dificultades administrativas. Estos avances se pueden observar en la facilidad con la que las empresas cumplen con los costos iniciales y/o acumulables.

- Trabajando con una organización no gubernamental (ONG) local, el Instituto para la Libertad y la Democracia, el gobierno peruano lanzó una campaña para reducir el exceso de trámites y los obstáculos administrativos al que se enfrentan las empresas y los ciudadanos. Después de dos años de audiencias públicas, se implementaron numerosas reformas incluyendo el establecimiento, en 1990, de un Registro Comercial Unificado para la constitución de pequeñas empresas.[38]

- Una preocupación común mencionada por las pequeñas y medianas empresas de Canadá era el tiempo insumido en trámites a nivel nacional, provincial y municipal. En respuesta a esto, el gobierno

> Serbia y Montenegro han acelerado notablemente el tiempo de espera para la aprobación de los documentos constitutivos. Se ha implementado una norma de aprobación que otorga a las empresas la libertad de iniciar sus actividades si el gobierno no ha respondido a su solicitud en el término de cinco días. Serbia y Montenegro también redujeron la exigencia de capital mínimo para el inicio de las operaciones de 5.000 a 500 euros.
>
> Fuente: *Doing Business in 2006.*

---

38 Instituto para la Libertad y la Democracia, "Administrative Simplification," Instituto para la Libertad y la Democracia, http://www.ild.org.pe/eng/history25.htm (consultado el 30 de mayo de 2007).

canadiense lanzó el "Paperwork Burden Reduction" para reducir significativamente el tiempo y la cantidad de trámites que deben realizar los emprendedores.

- En 2005 El Salvador implementó una nueva "Ley sobre Procedimientos Uniformes" que simplificaba las solicitudes para inscribir una nueva empresa ante el gobierno. Como resultado, el proceso para constituir una nueva empresa es 75 días menor al de 2003.

- Honduras intentó generar nuevas oportunidades de negocios reduciendo los costos de inicio de actividades a la mitad. Como resultado, los costos totales de inicio se redujeron en un 12 por ciento; los costos habrían disminuido aún más si no fuera por los aranceles notariales, que representan la mayor parte de los gastos.[39]

Observando los costos monetarios acumulables, las pequeñas empresas a menudo carecen de economías de escala y de la capacidad técnica para determinar y así cumplir con sus obligaciones impositivas conforme al sistema convencional. Reconociendo esto, varios países de la región introdujeron esquemas tributarios simplificados para las pequeñas empresas para reducir los costos de cumplimiento.

- En Chile, se espera que la facturación electrónica, introducida gradualmente desde 2003, disminuya la carga administrativa de la presentación impositiva, a la vez que reduzca a la mitad la evasión impositiva para 2008. Se estima que la facturación electrónica agregará alrededor de U$S 2 mil millones o casi un 3 por ciento del PIB de Chile, a los ingresos fiscales anuales.[40]

- Argentina, Bolivia, Brasil y Perú han reemplazado varios de sus principales impuestos con un único tributo. En 1998 Argentina introdujo el Monotributo, un impuesto federal de ingresos brutos único para los pequeños emprendedores que alivió la carga de cumplimiento impuesta a las pequeñas empresas. Brasil, un país rara vez distinguido por sus políticas impositivas, introdujo un impuesto denominado Simples en 1996 para

---

39 *Doing Business in 2006*, 10.
40 *Economist Intelligence Unit.* "Chile Country Finance Report," 19 de septiembre de 2005.

reemplazar varios impuestos a nivel federal. Según un estudio de la autoridad impositiva de Brasil, un grupo modelo de empresas que optó por el impuesto Simples en 1996 y 1997 redujo notablemente los costos de recibir y procesar las presentaciones impositivas. Estas mismas empresas generaron 500.000 nuevos empleos en el sector formal.[41] A pesar de esta reforma, sin embargo, las tasas impositivas en Brasil siguen siendo muy elevadas, impidiendo con frecuencia el crecimiento de los pequeños emprendimientos.

Los organismos autónomos están mejor resguardados contra la interferencia política y pueden generar más credibilidad. En América Latina, los organismos impositivos a los que se les otorgó autonomía, cuando presentan un equilibrio en relación a su responsabilidad pública y privada, fueron los más exitosos en aumentar la eficiencia, cumplimiento y calidad del servicio que prestan. Por lo tanto, siempre se debe encontrar un equilibrio entre un organismo libre de la influencia corrupta de la política y los intereses económicos y uno que es responsable internamente y ante la ley.

> En Argentina el tasa total de impuestos representa 112,9 por ciento de la ganancia de una mediana empresa en el segundo año. Solamente Gambia, Burundi, Sierra Leona, República Democrática del Congo, República Centroafricana, y Belarus tienen tasas más altos.
>
> Fuente: *Doing Business in 2008.*

- En México, la autoridad tributaria autónoma equilibra independencia y responsabilidad debiendo presentar al Congreso un informe de desempeño tres veces por año.

---

41 Aaron Schneider, Victor Lledo y Mike Moore. "Social Contracts, Fiscal Pacts and Tax Reform in Latin America" (Washington, DC: Inter-American Development Bank, febrero 7, 2004), 10.

LEYES QUE AFECTAN A LOS SECTORES REGULADOS

Las políticas regulatorias razonables para las empresas de servicios públicos y otras industrias básicas benefician a consumidores e inversores por igual.

El sector bancario, de seguros, de servicios públicos y otros sectores esenciales para el bienestar económico general a menudo están sujetos a un mayor control y supervisión por parte del estado, ya que su situación está estrechamente ligada a la prosperidad nacional y al bienestar de los ciudadanos. La efectividad y estabilidad del sistema bancario se basa en regulaciones que garanticen los depósitos de los ciudadanos y las empresas. Sin seguridad en los bancos, la gente no invierte sus ahorros en canales domésticos formales y es menos probable que los inversores extranjeros mantengan sus ahorros en el país. Asimismo, sin depósitos, a los bancos les faltan fondos para volver a invertir en sus propias economías a través de préstamos y medidas similares que alienten el crecimiento.

En teoría, la regulación debe generar una mayor equidad de precios y estabilidad para los consumidores, la expansión de los servicios a sectores marginales de la población y—en industrias que requieren grandes inversiones en bienes de capital—mayor seguridad de recapturar inversiones iniciales. Concentrándonos específicamente en los servicios públicos, la regulación intenta promover la eficiencia y competencia. Una buena política regulatoria protegerá a los consumidores de prácticas monopólicas y a los inversores de las acciones oportunistas de los gobiernos. Finalmente, la regulación de las industrias funciona mejor cuando el sector en cuestión está seguro de que sus inversiones y prácticas en curso serán tratadas según los principios básicos acordados.

En síntesis, el desarrollo de consumidores, inversores e infraestructura depende de regulaciones justas, claras y orientadas hacia el futuro, cuya implementación sea supervisada por un organismo regulador calificado y autónomo.

Principios

a. Fundamento en la ley

- Debe existir un proceso transparente para la redacción y análisis de las regulaciones propuestas.
- El personal técnico del ministerio a cargo de elaborar las normas debe tener las herramientas para evaluar completamente las implicancias de las regulaciones nuevas y de las existentes.
- La toma de decisiones y la elaboración del texto deben ser claras, transparentes y no ambiguas.
- Las regulaciones deben basarse en cálculos del costo-beneficio que equilibren los intereses de los involucrados.
- Los gobiernos deben realizar compromisos creíbles y a largo plazo para alentar las inversiones en proyectos que requieren grandes inversiones en bienes de capital.
- Las regulaciones deben basarse en la ley.
- Las regulaciones deben ser justas y no favorecer a un grupo de interesados por sobre otro.

b. Aplicación

- La igualdad en la aplicación debe prevalecer tanto con respecto al tratamiento de las industrias dominantes como respecto de las condiciones de ingreso de nuevos emprendimientos.
- Los organismos reguladores y sus empleados, si bien deben mantener su independencia establecida por ley, deben estar abiertos a la participación de las industrias que regulan, para aprovechar las experiencias de estas empresas en otras jurisdicciones reguladas.
- Los organismos reguladores deben estar libres de presiones políticas; y su información y los conocimientos de su personal deben ser adecuados para que su trabajo se realice correctamente.
- El análisis de las decisiones por parte de los organismos reguladores debe cumplir con procesos claros, predecibles y transparentes.

EJEMPLOS

En varios casos Brasil ha llevado la delantera en establecer procesos abiertos y participativos en el desarrollo, elaboración e implementación de regulaciones. Luego de la desregulación de las telecomunicaciones en 1997, Brasil creó la Agencia Nacional de Telecomunicaciones (ANATEL) para elaborar, controlar y aplicar leyes, normas y regulaciones en toda la industria. Desde su creación, ANATEL ha puesto especial atención en asegurar que el proceso de elaborar regulaciones esté abierto a los consumidores, así como, a las empresas reguladas. En 2006, ANATEL amplió la consulta pública en el proceso de redacción para incluir la transferencia de números telefónicos, que permitirá a los usuarios cambiar de un operador a otro sin cambiar de número telefónico. Sin embargo, ANATEL enfrenta una serie de limitaciones económicas y políticas. Aunque el presupuesto previsto para 2008 es el más alto desde la creación de la agencia, solamente recibió la mitad del presupuesto aprobado en 2005 y en 2006 recibió 60 por ciento de lo que demandó.[42] También, ANATEL enfrenta una pérdida de poder frente al no-independiente Ministerio de Comunicaciones.

Una infraestructura confiable y estable es clave para el crecimiento y desarrollo económicos. En la mayor parte de la región, la regulación y privatización del sector público fueron abordadas en el orden incorrecto. En lugar de primero desarrollar organismos reguladores efectivos y luego privatizar, se produjo una avalancha de privatizaciones en toda la región antes de que se pudieran establecer mecanismos de supervisión adecuados. Como resultado, los organismos reguladores se vieron forzados a responder a la industria en lugar de que la industria respondiera a las regulaciones. Al privatizar sin supervisión reguladora, algunas empresas estatales a veces se transformaron en monopolios privados, exagerando las distorsiones existentes en el mercado y desaprovechando la oportunidad de ampliar su dominio.

---

42 Presupuesto previsto para 2008: Cellular-News, "Anatel 2008 Budget Totals US$234mn," 12 diciembre 2007, http://www.cellular-news.com (consultado el 28 de diciembre de 2007). Presupuesto demandó en 2006: Agência Nacional de Telecomunicações (Anatel) "Relatório Anual 2006," Capítulo 9, Administração-Geral, http://www.anatel.gov.br (consultado el 28 de diciembre de 2007). Presupuesto abrobado en 2005: Wimaxday, "Brazil threatens to change WiMAX bidding rules," 22 agosto 2006, http://www.wimaxday.net (consultado el 28 de diciembre de 2007).

No obstante, se pueden mencionar ejemplos de países que implementaron un sistema efectivo para la determinación de los precios de los servicios regulados.

- En 1995 Jamaica introdujo una nueva oficina de regulación de los servicios públicos e instituyó un mecanismo para suministrar una fijación de tarifas específica y otros compromisos a los inversores mediante contratos.
- El método de regulación de Chile para el proceso de distribución (cables) de electricidad se basa en una combinación de regulación de criterios, precios límite y registro del costo de reposición, y se ha transformado en un modelo para muchos otros países de la región incluyendo Ecuador, Guatemala, Perú y El Salvador.[43]

> ANEEL, el ente regulador de la electricidad en Brasil, permite a los interesados aportar sugerencias para la revisión de las regulaciones, incluyendo la tributación. Entre 2003 y 2006, ANEEL recopiló las recomendaciones de consumidores, sindicatos, empresas, concesionarios así como del público y de instituciones privadas. El 7 de junio de 2006, ANEEL, como en años anteriores, abrió el proceso de revisión de las tarifas de electricidad para recibir el aporte de los interesados sobre los cambios propuestos en el servicio, la distribución y los precios.

La seguridad y la coherencia jurídicas son indispensables para el crecimiento del sector. Los inversores reinvierten y mantienen su presencia en industrias en las que observan una estabilidad continua y a largo plazo.

- En Perú, un alto grado de seguridad jurídica, el tratamiento uniforme de inversores y un ente regulador efectivo y eficiente han contribuido al crecimiento del sector de los hidrocarburos. La Dirección General de Hidrocarburos

---

43 Council of the Americas. "Energy in the Americas—Building a Lasting Partnership for Security and Prosperity," octubre 2005, The Americas Society and Council of the Americas, http://www.as-coa.org (consultado el 30 de mayo de 2007).

supervisa la industria del gas natural, desde la producción hasta la distribución, y participa en las negociaciones de los contratos.

- En República Dominicana la Ley 153 de 1998 ha contribuido a la floreciente industria de las telecomunicaciones. El desarrollo del sector está bajo el control del Instituto Dominicano de las Telecomunicaciones (Indotel), un ente regulador descentralizado y autónomo.

REGULACIONES QUE AFECTAN LAS INVERSIONES

Las inversiones son uno de los principales motores para la creación de empleo.

El grado hasta el cual un país puede atraer y retener inversiones, tanto extranjeras como nacionales, es uno de los factores más importantes en la determinación de su camino hacia el desarrollo. Sólo con inversiones en industrias nuevas y existentes se pueden realizar avances en áreas que van desde la innovación tecnológica hasta la modernización de la infraestructura. En un mundo cada vez más globalizado, la competitividad y la creación de empleo dependen de crear las condiciones necesarias para el desarrollo de la pequeña y mediana empresa.

Las decisiones de inversión se basan en factores reales y presuntos. Naturalmente, los inversores, tanto nacionales como extranjeros, se inclinan por países y sectores que ofrecen bajo riesgo con una posible tasa de retorno elevada. América Latina no puede competir con Asia y muchas otras economías emergentes en su potencial de retorno de la inversión a mediano plazo, pero puede adoptar rápidamente una serie de medidas específicas que pueden reducir el riesgo para los inversores. Con innumerables destinos para las inversiones, el capital fluirá naturalmente a países en donde esté seguro conforme a la ley, tanto en la teoría como en la práctica, y donde todos los inversores estén sujetos a las mismas reglas abiertas sin importar el país de origen.

La regulación también debe considerar operaciones en las que no se utiliza efectivo, dado que los actuales mercados de inversiones y consumidores están altamente tecnificados. Cada vez más, los inversores y empresarios compran y establecen negocios por Internet, aprovechando el mercado de comercio electrónico, que es enormemente prometedor. Este próspero campo presenta nuevas oportunidades para las economías de América Latina y nuevos desafíos para los legisladores que deben establecer marcos reguladores creíbles.

La cantidad de latinoamericanos con acceso a Internet aumentó un 300 por ciento desde el año 2000, y la confianza de consumidores e inversores en los marcos reguladores con procedimientos para efectuar reclamos, determinarán cuántos de estos posibles consumidores invertirán por Internet.[44] Para garantizar que las economías de mercados emergentes hagan realidad los beneficios del comercio electrónico, los gobiernos, las instituciones financieras y las empresas deben establecer en forma proactiva mecanismos efectivos de manejo del fraude y seguridad de los datos.

> Para el año 2010, el sector del comercio electrónico de América Latina generará ventas por U$S 23.120 millones, comparado con los U$S 4.300 millones de 2005. Esto significaría un crecimiento anual promedio del 40 por ciento durante el período 2006–2010.
>
> Fuente: *América Economía*, Market Survey, octubre 25, 2006. Citado por Valor Online, octubre 25, 2006, www.valoronline.com.br

Principios

a. Fundamento en la ley

- Las leyes y regulaciones sobre inversiones deben ser consistentes de manera que sean comprendidas más fácilmente.
- Se deben eliminar las lagunas jurídicas en materia de inversiones, de manera que los nuevos emprendedores puedan tomar decisiones informadas más fácilmente.
- Los gobiernos deben asegurar que las nuevas propuestas reguladoras o de políticas no afecten el clima de inversión introduciendo cargas injustificadas u otras distorsiones.
- Se deben ampliar las regulaciones sobre inversión para

---

44 Datos obtenidos de www.exitoexportador.com en base a los resultados publicados de Nielsen-Net Ratings, la International Telecommunications Union, Internet World States y otras fuentes confiables. Este porcentage refleja el crecimiento desde 2000 a 2005. (consultado el 29 de diciembre de 2007).

incluir contratos y pagos electrónicos, y se las debe coordinar con otros gobiernos nacionales promoviendo el aporte y apoyo de instituciones financieras y empresarios.

b. Aplicación

• Los inversores extranjeros y nacionales deben estar sujetos a un tratamiento justo y predecible conforme a las leyes existentes.
• La aplicación de las regulaciones sobre inversión debe realizarse según lo establecido por la ley.
• Los conflictos relacionados con las inversiones deben ser resueltos con justicia y eficiencia y con el acceso adecuado a un arbitraje internacional.
• Todos los ciudadanos deben tener las mismas oportunidades para cuestionar inversiones que no cumplan con la ley.
• Los gobiernos deben obligar la inscripción oficial y el establecimiento de dominios de máximo nivel para los sitios de Internet que se dedican al comercio electrónico, y establecer estándares para la programación de autenticación de consumidores y el almacenamiento y la eliminación de datos.
• Los gobiernos deben invertir en la infraestructura y capacitación necesarias para garantizar que los organismos encargados de hacer cumplir las leyes sobre comercio electrónico tengan la capacidad para mantenerse al ritmo de la naturaleza fluida de este campo.

EJEMPLOS

El mayor avance para crear entornos seguros y atractivos para las inversiones se logró en América del Norte y en Europa Occidental. Por ejemplo, en la Organización para la Cooperación y el Desarrollo Económico (OCDE) las leyes y regulaciones propuestas están sujetas a una evaluación de impacto cuantitativo.[45] Los legisladores y otros formuladores de políticas cuentan con información sobre costos y beneficios para ayudar a asegurar que las propuestas reflejen una

---

45 La OCDE es una agrupación de 30 países que comparten el compromiso por el gobierno democrático y la economía de mercado. En las Américas, los miembros incluyen a Canadá, México y Estados Unidos.

perspectiva de toda la economía y brinden un control adicional sobre la búsqueda de rendimientos.

En América Latina, Nicaragua y Uruguay introdujeron nuevas leyes para apoyar el intercambio de información sobre créditos, facilitando a los prestadores la rápida evaluación de la solvencia crediticia. En Chile, las empresas extranjeras tienen a su disposición todos los instrumentos de inversión en los mismos términos que se aplican a las empresas nacionales.

Las Naciones Unidas allanaron el camino para la regulación del comercio electrónico a partir de 1996, sancionando la Ley Modelo sobre Comercio Electrónico (CNUDMI), que luego fue respaldada en 2005 por la Convención de las Naciones Unidas sobre la Utilización de las Comunicaciones Electrónicas en los Contratos Internacionales. México ha modificado su Código de Comercio para incluir las disposiciones recomendadas por la Ley Modelo CNUDMI, logrando notables avances en la seguridad del comercio electrónico.[46]

En 1999 Colombia estableció regulaciones sobre el comercio electrónico que reconocen formalmente la legalidad de las firmas electrónicas, regulan el comercio por Internet y aceptan la legalidad de los contratos por Internet en tiempo real y los contratos presentados oralmente por teléfono. Además, el gobierno ha delineado pautas para el envío y recepción segura y autenticada del correo electrónico, junto con métodos para verificar fechas de recepción y autoría.[47]

---

46 Luz E. Nagle, "E-Commerce in Latin America: Legal and Business Challenges for Developing Enterprise" *American University Law Review* 50, N°. 4 (abril 2001): 920.

47 Nagle, 920

CONTRATOS, MÉTODOS ALTERNATIVOS DE RESOLUCIÓN DE CONFLICTOS Y QUIEBRAS

Los contratos, los métodos alternativos de resolución de conflictos (en inglés, ADR) y los mecanismos para lograr resultados equilibrados y predecibles en caso de quiebra e insolvencia son componentes importantes del amplio sistema del estado de derecho y economía. El fundamento legal y la aplicación efectiva y justa de cada uno de estos componentes garantiza equidad para las partes que participan en transacciones comerciales y para los litigantes de conflictos comerciales, sin importar la situación económica o social.

Si los contratos se redactan y cumplen de manera justa y efectiva, protegen los derechos individuales. Las garantías establecidas en los contratos, junto con la aplicación y resolución predecible de los conflictos, constituyen un bastión fundamental contra la intervención estatal arbitraria, a la vez, que defienden los derechos individuales.

Los métodos alternativos de resolución de conflictos también pueden servir como una herramienta importante para fomentar el estado de derecho. Ofreciendo una alternativa al sobrecargado e ineficiente sistema judicial y un nuevo y transparente canal para la resolución de conflictos, los ADR pueden aumentar el acceso a la justicia, así como, su administración equitativa. El arbitraje y la mediación locales ofrecen a las comunidades una alternativa más rápida y menos desalentadora frente a los métodos tradicionales de litigio.

La ley de quiebras encaja perfectamente en cualquier análisis sobre contratos y ADR. La insolvencia y reorganización presentan un conjunto único de circunstancias bajo las cuales, algunos contratos, pueden legítimamente no cumplirse (a través de normas pre-establecidas) para rescatar a una empresa en problemas o liquidar a una en quiebra. Si estuviera correctamente implementada, la ley de quiebras garantiza una forma justa y transparente para acreedores y deudores de resolver los conflictos financieros. Combinada con las decisiones provenientes de los ADR y el cumplimiento objetivo de los contratos, la rápida resolución de los casos de quiebra contribuye a la previsibilidad y seguridad en los derechos de la persona.

Las reglas eficientes, justas y predecibles que rigen estas tres áreas son esenciales para los derechos personales, de propiedad y las inversiones.

¿Por qué los contratos, los métodos alternativos de resolución de conflictos y la quiebra son importantes para el crecimiento económico y la prosperidad?

Un ambiente estable que alienta la creación de nuevas empresas y el crecimiento de las existentes depende de la expectativa de que los acuerdos (en forma de contratos) sean respetados y los conflictos generados por su cumplimiento sean resueltos rápidamente. De manera similar, la seguridad de los contratos y un sistema justo y efectivo para resolver conflictos por insolvencia aumentan la disponibilidad de capital para inversión. Los ADR contribuyen a la seguridad de los contratos permitiendo la resolución de conflictos a través de un foro imparcial y más expeditivo.

Los procedimientos concursales justos y efectivos también fomentan el espíritu emprendedor. Los estudios sobre desarrollo económico y creación de empresas han demostrado que las "economías en las que es fácil constituir una empresa también son aquéllas en las que hay más cantidad de quiebras".[48] El objetivo no es sólo establecer un marco que facilite la creación de empresas, sino uno que ofrezca más opciones a los acreedores y deudores para la resolución de una quiebra. Para los acreedores el costo de la potencial quiebra de un deudor no debería ser tan alto como para aumentar el riesgo hasta

> Las economías con buen desempeño tienen un gran número de contratos a largo plazo. La ausencia de un sistema confiable y de bajo costo para hacer cumplir los contratos en muchos países en desarrollo ha sido identificada como una de las principales causas del estancamiento económico y el subdesarrollo.
>
> Fuente: Paul Holden, "Promoting Change: Small Business Reform and the Multilateral Investment Fund" (Washington, DC: The Inter-American Development Bank, enero 2001).

---

48 Paul Holden, "Promoting Change: Small Business Reform and the Multilateral Investment Fund" (Washington, DC: The Inter-American Development Bank, enero 2001), 9–10.

el punto en que los préstamos para las nuevas empresas resulten sustancialmente reducidos. Para los emprendedores, las leyes y procedimientos de quiebra no deben penalizar excesivamente a las empresas insolventes para no desalentar que se asuman riesgos razonables en el futuro.

Principios básicos

Para lograr un sistema que funcione correctamente para los contratos, los métodos alternativos de resolución de conflictos y las quiebras requieren contar con un marco básico con los siguientes elementos:

- un sistema que permita a las partes que acuerden mutuamente cómo conducir las relaciones comerciales dentro de un conjunto de principios y reglas generalmente aceptadas;
- transparencia en la preparación de contratos y previsibilidad en su cumplimiento;
- eficiencia y equidad en la resolución de conflictos contractuales y concursales;
- sistemas judiciales y de ADR que sean accesibles y asequibles;
- reconocimiento de las convenciones e instrumentos internacionales acordados; y
- igual tratamiento para todos los inversionistas.

Cada uno de los tres temas se analiza en detalle en las secciones siguientes. En cada sección, el capítulo primero relaciona el tema con el tópico más amplio del estado de derecho y luego señala una serie de principios normativos que proponen cómo cada uno de estos temas puede contribuir al estado de derecho. La sección concluye con ejemplos de prácticas y leyes de todo el mundo centrándose en América Latina.

CONTRATOS

El cumplimiento justo y uniforme de los contratos es esencial para generar una economía pujante.

Los contratos constituyen la piedra angular de todo acuerdo privado o comercial y son esenciales para el funcionamiento de una sociedad que esta basada en el estado de derecho. Desde los contratos para la prestación de servicios hasta el suministro de productos o la protección o transferencia de derechos de propiedad, la seguridad en la redacción y el cumplimiento de las promesas de un contrato son fundamentales para el crecimiento y la prosperidad.

Entre todos los sectores de la población, los pequeños empresarios y nuevos emprendedores son algunos de los mayores beneficiarios de un sistema que respeta y hace cumplir los contratos. La seguridad generalizada de que los contratos van a ser cumplidos ofrece la base para iniciar proyectos comerciales con nuevos (y menos conocidos) clientes fuera de la red establecida del empresario integrada por socios de confianza. Con la seguridad de que los derechos de los contratos van a ser protegidos, los pequeños empresarios se pueden sentir más seguros de recibir el mismo trato con relación a otras empresas, generando un ambiente de negocios que no sólo fomente sino que también promueva el espíritu emprendedor. Una mayor seguridad contractual permite un mayor acceso al crédito y promueve la expansión de inversiones y negocios, los cuales son esenciales para crear nuevas fuentes de empleo.

> En Brasil, el 57 por ciento de las pequeñas empresas confía en el sistema jurídico para resolver los conflictos relacionados con los derechos de propiedad / contractuales—un 16 por ciento menos que las grandes empresas.
>
> Fuente: *2003 Brazil Investment Climate Survey*, World Bank.

La seguridad en el cumplimiento de los contratos genera un mayor respeto en toda la sociedad por el estado de derecho. La aplicación imparcial y uniforme de los contratos celebrados entre partes fomenta una mayor confianza de que el sistema jurídico protegerá los derechos individuales y sociales y de que se puede confiar en él. Para las pequeñas empresas y otros potenciales usuarios del sistema jurídico, las demoras o el cumplimiento de contratos injustos alejan a los individuos del proceso judicial y disminuyen las expectativas de lograr una protección justa y efectiva.

En América Latina, uno de los principales desafíos del derecho contractual reside en la aplicación de sentencias imparciales. Las partes que presentan una acción a menudo se enfrentan a sistemas judiciales sobrecargados en donde el pronunciamiento de una sentencia se ve limitado por la capacidad judicial, y las autoridades no pueden o no desean ejecutar las decisiones judiciales. Las sentencias a menudo no concluyen, dejando reclamos sin resolver. La *International Foundation for Electoral Systems* (IFES) demuestra que en países como Argentina, Perú y México, la situación resulta aún más complicada por un proceso en el que los jueces se ocupan de cada etapa de aplicación en forma separada, en lugar de hacerlo cómo un procedimiento único y simplificado.[49]

Desde una perspectiva global, América Latina ocupa casi la última posición en relación al tiempo y la cantidad de procedimientos que debe atravesar una empresa para obtener la resolución de un conflicto comercial. El incumplimiento ineficiente de los contratos no sólo dificulta el desarrollo de emprendimientos nacionales sino que aumenta los riesgos que deben enfrentar los inversores extranjeros.

Los gráficos de la página siguiente muestran cuánto lleva resolver un conflicto en el ámbito judicial tanto desde una perspectiva trans-regional como dentro de América Latina.[50]

---

49 Keith Henderson, Angana Shah, Sandra Elena, y Violaine Autheman, "Regional Best Practices: Enforcement of Court Judgments Lessons Learned from Latin America" (Washington, DC: International Foundation for Electoral Systems, abril 2004), 6–7.

50 Los datos fueron reunidos con los supuestos de que el caso representa una operación lícita en la ciudad más poblada del país, el demandante ha cumplido totalmente con el contrato, cada parte presenta un testigo, la sentencia es pronunciada a favor del demandante y no es apelada, y la deuda se cobra finalmente mediante la venta de activos en una subasta pública. El tiempo se cuenta desde el momento en que se inicia el juicio hasta el pago.

Tiempo para resolver una disputa

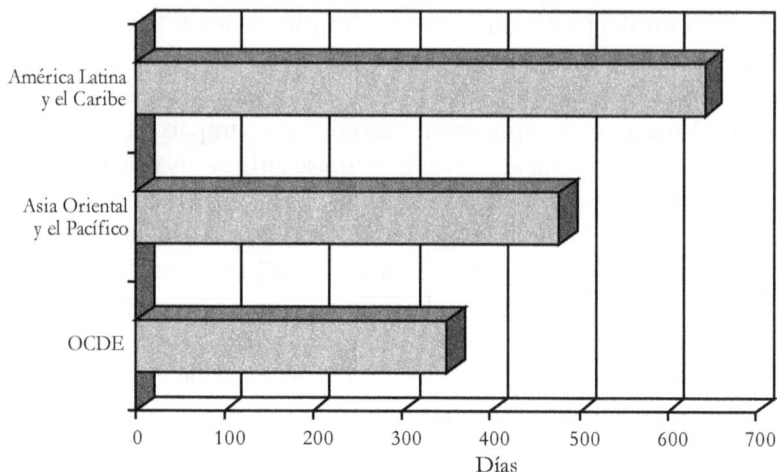

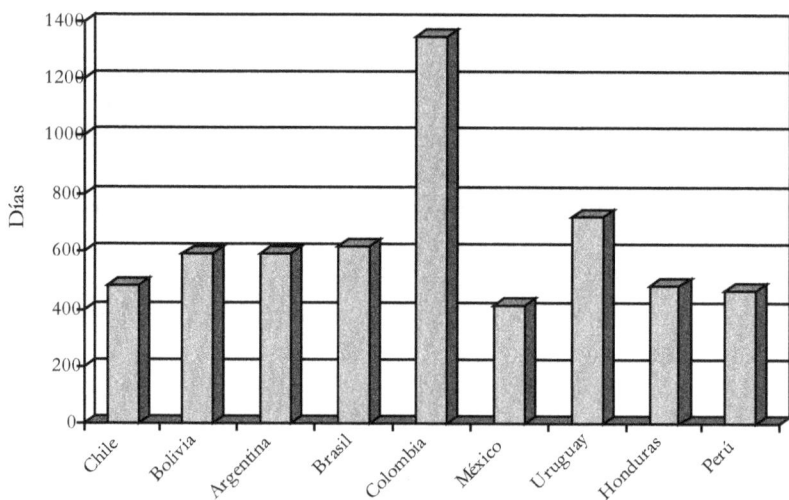

Fuente (ambos gráficos): *Doing Business in 2008* (Washington, DC: International Finance Corporation / World Bank, septiembre 2007).

Ningún país se destaca como modelo para la resolución oportuna de conflictos, pero la ineficiencia de Colombia supera lejos la de sus vecinos. A pesar de las últimas reformas que transfirieron la carga de la notificación de la presentación judicial del sector público al privado, el cumplimiento de contratos en Colombia sigue siendo uno de los procesos más lentos del mundo. Otro factor que afecta el ritmo lento del sistema jurídico es la ineficiencia judicial que proviene de los casos atrasados, los prolongados procesos apelatorios y la falta de personal judicial descrita a comienzos del capítulo sobre administración de justicia. Por ejemplo, en Brasil el 88 por ciento de los casos comerciales son apelados.[51]

Algunas veces los costos de hacer cumplir un contrato a través del sistema judicial se aproximan al valor original del contrato. El gráfico siguiente mide todos los costos oficiales, incluyendo los costos judiciales y los honorarios promedio de los abogados, para hacer cumplir un contrato como un porcentaje del reclamo total.

Costo para resolver una disputa
(medido como % de la demanda)

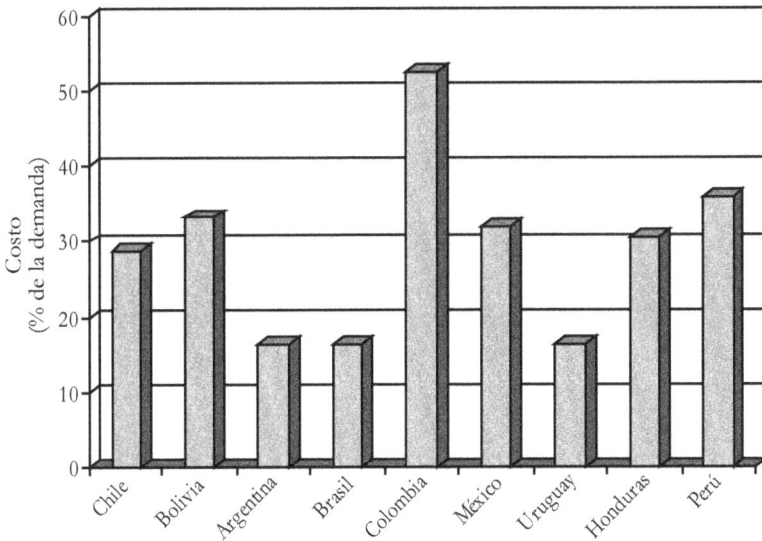

Fuente: *Doing Business in 2008* (Washington, DC: International Finance Corporation / World Bank, septiembre 2007).

Es lógico que en estas condiciones, muchas empresas a menudo decidan simplemente cancelar un contrato si el costo esperado de su cumplimiento a través del sistema judicial se aproxima al valor original del contrato. Pero si bien ésta puede ser una opción efectiva, en función de los costos para las empresas más grandes, para

---

51 *Doing Business in Brazil* (Washington, DC: World Bank, 2006), 11.

el sector de la pequeña empresa o de la economía informal, es un lujo que no pueden afrontar.

Principios

a. Fundamento en la ley

- Los derechos contractuales deben estar garantizados y ser transparentes para todos.
- Las reglas básicas de los contratos deben ser simples y de fácil comprensión, permitiendo que los beneficios de celebrar contratos legalmente exigibles sean accesibles a las partes de todos los sectores socio-económicos.[52]
- La libertad de contratación debe estar limitada solamente por la irrazonabilidad y por oponerse a lo establecido por ley.
- Las nuevas reglas aplicables a los contratos deben considerar los avances extra-territoriales en el derecho contractual y en los instrumentos regionales adoptados por los organismos internacionales que legislan.

b. Aplicación

- Las obligaciones contractuales deben hacerse cumplir de manera eficiente, rápida, transparente y justa en todos los grupos económicos, geográficos y sociales.
- Los procedimientos para el cumplimiento habitual de los contratos deben ser relativamente rápidos y accesibles.
- Se deben aplicar límites justos a los plazos y recursos para las apelaciones con el fin de brindar una resolución de conflictos oportuna.
- Se deben implementar mecanismos eficientes para permitir el cumplimiento de los contratos.

---

52 Ver Posner analizando cómo las instituciones jurídicas en el mundo en desarrollo carecen de la experiencia, los recursos y la voluntad política para adoptar el sistema basado en "estándares" de cumplimiento de contratos que prevalece en países como los Estados Unidos. Posner recomienda en su lugar comenzar con normas básicas y claras que sean de fácil comprensión para las partes y los jueces.

EJEMPLOS

Para aumentar la eficiencia y experiencia en la resolución de problemas específicos, muchos países derivan los casos más técnicos a tribunales especializados. Los jueces de estos tribunales son especialistas en las áreas dentro de la jurisdicción de sus tribunales. En América Latina, Perú hace poco ha mejorado el proceso para resolver los conflictos comerciales con la introducción de juzgados y los tribunales de apelación correspondientes. Con la mayor experiencia de jueces especializados a cargo de estos nuevos juzgados, el tiempo para resolver un conflicto contractual disminuyó de 549 días en el 2005 a 468 días en el 2007, según las estadísticas del Banco Mundial.[53] Originalmente, siete juzgados y un tribunal de apelaciones comenzaron a funcionar en abril de 2005; para mayo de 2006, 22 juzgados y dos tribunales de apelaciones estaban listos para empezar a funcionar.

> En un estudio sobre las pequeñas y medianas empresas, el 92 por ciento en Argentina, el 71 por ciento en México y el 93 por ciento en Perú creen que el tiempo necesario para ejecutar una sentencia genera una traba para utilizar el sistema judicial.
>
> Fuente: Keith Henderson, Angana Shah, Sandra Elena, y Violaine Autheman, "Regional Best Practices: Enforcement of Court Judgments: Lessons Learned from Latin America" (Washington, DC: International Foundation for Electoral Systems, abril 2004).

A nivel multilateral, la Conferencia de la Haya de Derecho Internacional Privado, una organización intergubernamental integrada por 68 países y organizaciones regionales de América Latina y del resto del mundo, finalizó el debate de la Convención sobre los Acuerdos para la Elección de Juzgados en junio de 2005. Las negociaciones se centraron primeramente alrededor de una Convención sobre Jurisdicción y Ejecución de Sentencias en Materia Civil y Mercantil, pero en el 2002, diez años después de que se iniciaran las conversaciones, los delegados limitaron el borrador de la convención para centrarse en un conjunto de temas menos

---

53 *Doing Business in 2008* (Washington, DC: International Finance Corporation / World Bank, septiembre 2007).

controvertidos. La Convención se aplica solamente en los casos en los que las partes especificaron en el contrato un juzgado para que resuelva los conflictos que surjan en virtud de ese instrumento jurídico. En esas circunstancias, las partes podrían aplicar las sentencias de los juzgados designados dentro de sus fronteras incluso si el juzgado está ubicado en el exterior. Hasta el momento, ningún país ha firmado la Convención.

La Unión Europea ofrece ejemplos positivos de mecanismos que pueden aumentar la eficiencia en el cumplimiento de los contratos.

- En julio de 2001, la Comisión sobre Derecho Contractual Europeo lanzó un proceso para reducir las diferencias entre las leyes contractuales nacionales en la Unión Europea (UE). Su plan de acción exige aumentar la uniformidad entre todo el derecho de la UE en el área de contratos, promoviendo términos contractuales generales de aplicación en toda la UE, y analizar aún más si los problemas en el derecho contractual europeo pueden necesitar soluciones no específicas de un sector.
- Eslovaquia y Macedonia, junto con otros países transicionales de Europa del Este, implementaron alternativas a los mecanismos de los tribunales tradicionales de aplicación. Siguiendo el modelo francés y el belga, los agentes independientes ahora se utilizan para ejecutar garantías reales prendarias e hipotecarias, lo que resulta en un proceso más eficiente y efectivo para la resolución de casos. La separación de las funciones judiciales y de ejecución ha demostrado ser bastante útil y, a pesar de las profundas diferencias con el modelo latinoamericano, podría ayudar notablemente a acelerar la resolución de causas.

Más estrechamente relacionada con América Latina se encuentra la Convención Interamericana sobre Derecho Aplicable a los Contratos Internacionales firmada en la ciudad de México en 1994, que permite a las partes elegir la ley que rige a todo o parte de un contrato internacional vinculante. La Convención sobre Contratos permite elegir las cláusulas de la ley que serán modificadas en cualquier momento y también incluye las normas para resolver conflictos comerciales. México y Venezuela son parte del tratado y Bolivia, Brasil y Uruguay son signatarios del mismo.

MÉTODOS ALTERNATIVOS DE RESOLUCIÓN DE CONFLICTOS

Los ADR a menudo son más rápidos, económicos y de más fácil acceso que el sistema judicial, ofreciendo una buena alternativa para las pequeñas empresas y los pequeños emprendedores.

Implementados por primera vez en la década de 1970, los métodos alternativos de resolución de conflictos (ADR) se han extendido más allá de los Estados Unidos para incluir a la gran mayoría de los países en desarrollo y desarrollados. Las iniciativas de ADR se han transformado en una elección popular para los que desean resolver los conflictos contractuales verbales o escritos de manera más flexible y a menudo más conciliadora.[54] Los ADR son únicos en el sentido de que comprenden a una gran variedad de procesos para resolver conflictos, y pueden adaptarse a las necesidades de las partes involucradas, se trate de empresas multinacionales, pequeños empresarios o pueblos. Las técnicas que constituyen los ADR son muy diversas y tienen poco en común entre sí excepto que todas son alternativas al proceso judicial tradicional.

> En Perú, el 64 por ciento de los entrevistados manifestaron que estaban satisfechos con los jueces de paz locales, mientras que el 66 por ciento opinó que los creían honestos—muy distinto de la mayoría que desconfía de los jueces formales.
>
> Fuente: Roberto Gargarella, "'Too Far Removed from the People': Access to Justice for the Poor: The Case of Latin America" (Buenos Aires: Universidad Torcuato di Tella, junio 28, 2004).

Los ADR basados en la comunidad ofrecen a los locales una alternativa frente al sistema judicial formal, que para muchos es distante o costoso. En América Latina, el concepto de juzgados de paz—tribunales creados para ofrecer a la población local un medio más rápido y menos costoso de resolver conflictos menores—ha re-

---

54 Sin estudios empíricos en los países en desarrollo, todavía existen muchas interrogantes relacionadas con el éxito real de los ADR para mejorar la eficiencia y brindar un mayor acceso a la justicia. Para más información, ver el tema de Instituciones Judiciales y de Derecho del World Bank en http://www.worldbank.org.

cobrado popularidad en la región Andina. El titular de estos juzgados (juez de paz) tiene la autoridad legal para tomar decisiones vinculantes. Colombia, por ejemplo, ha visto surgir a estos funcionarios legales en pueblos remotos en donde son seleccionados por grupos comunitarios y luego elegidos mediante el voto popular.

Las dos formas más comunes de ADR son el arbitraje y la mediación. El arbitraje se parece más al litigio tradicional en el sentido de que un tercero neutral escucha los argumentos de ambas partes e impone una decisión final y vinculante que es exigible por los tribunales. Los ADR se diferencian del litigio judicial formal en que las partes generalmente acordaron el uso del arbitraje antes de que se produjera el conflicto, el procedimiento real es menos formal que en un tribunal, y el derecho a apelar la decisión es limitado.[55] La mediación es el método de ADR que más ha crecido y, a diferencia del litigio, ofrece un foro en el que las partes pueden resolver sus propios conflictos con la ayuda de un tercero neutral. El mediador nunca impone una decisión a las partes; en su lugar, trabaja para que las partes mantengan el diálogo hasta acordar mutuamente una solución. La mediación depende del compromiso de las partes para resolver sus propios problemas—una consideración importante dado que la mediación a menudo es no-vinculante. Las partes que no pueden llegar a una resolución del conflicto a través de la mediación pueden luego recurrir a un procedimiento legal formal para resolverlo.

Originalmente concebidos como un sustituto informal a los procedimientos judiciales tradicionales, los ADR se han vuelto cada vez más populares y su uso se ha extendido para abarcar todo tipo de conflictos, haciendo que su implementación efectiva sea igualmente

> Según el CPR *Institute for Dispute Resolution*, el 56 por ciento de los jueces federales de Estados Unidos aprueban los ADR, el 97 por ciento de los ejecutivos de empresas prefieren los ADR, y el 55 por ciento de los abogados de ABA generalmente aconsejan a sus clientes sobre el uso de los ADR.
>
> Fuente: www.cpradr.org

---

55 Para más información, ver Heywood W. Fleisig y Nuria de la Peña, "Law, Legal Institutions, and Development: Lessons of the 1990s for Property Rights, Secured Transactions, Business Registration, and Contract Enforcement." Preparado para el World Bank, octubre 2003.

fundamental para el estado de derecho como resolución de casos a través del sistema judicial. Por lo tanto, al considerar los principios básicos que deben aplicarse a los ADR, muchos de los argumentos analizados en el capítulo sobre Administración de Justicia, también se aplican aquí. Por ejemplo, los árbitros y mediadores deben ser considerados según los mismos estándares que los jueces y funcionarios judiciales con relación a su independencia e imparcialidad, competencia y capacitación. Asimismo, los procedimientos transparentes y no discriminatorios son esenciales para garantizar que todos, desde los pequeños a los grandes empresarios, tengan la misma oportunidad de que se considere el conflicto y se lo resuelva sobre los méritos del reclamo.

> En algunos países, el arbitraje puede presentar algunos de los mismos problemas que el litigio formal, incluyendo costos elevados, extensas demoras y gran complejidad. El arbitraje en Bolivia se ve obstaculizado por el requisito de que los árbitros deben ser abogados y los tribunales pueden revisar las resoluciones de los árbitros.

Con jueces locales que a menudo emiten veredictos influenciados cada vez más por intereses personales, los conflictos comerciales están siendo sometidos cada vez más al arbitraje internacional. Las decisiones en arbitraje internacional son más fáciles de hacer cumplir que las sentencias locales si el país es parte de una convención internacional sobre arbitraje. Cabe destacarse que Brasil y Argentina aceptan el arbitraje internacional.

Principios

a. Fundamento en la ley

- Los mecanismos de resolución de conflictos deben ser eficientes y neutrales para todas las partes.
- Los sistemas jurídicos formales deben reconocer y hacer cumplir las resoluciones alcanzadas a través de los métodos alternativos de resolución de conflictos sancionados oficialmente.
- Los ADR deben estar al alcance de empresas de todos los tamaños y ser accesibles para todos los grupos socioeconómicos.

- Para los conflictos individuales y de pequeña escala, que los ADR sean obligatorios o voluntarios depende del contexto.
- Se debe poner especial énfasis en el acceso efectivo a los ADR para los pobres y para aquéllos para quienes el litigio es costoso o inaccesible.
- Los ADR obligatorios deben cumplir con los estándares mínimos del debido proceso.
- El arbitraje comercial debe ajustarse a los estándares regionales e internacionales.
- Los ADR deben ser específicos según el contexto.
- Las normas y procedimientos de ADR deben ser congruentes con los acuerdos internacionales.

b. Aplicación

- Todas las clases socio-económicas deben recibir un tratamiento similar durante los procedimientos de ADR y en la aplicación de las decisiones.
- Los procedimientos de ADR deben ser transparentes a todas las partes.
- Tanto los tribunales como el estado deben reconocer y hacer cumplir las decisiones que resolvieron los conflictos a través de los ADR.
- Cuando el proceso de ADR establecido incorpora el uso de normas sociales tradi-cionales para resolver conflictos, debe ga-

---

Ejemplos de Acuerdos de ADR Internacionales

- Convención de Nueva York de 1958 sobre Reconocimiento y Ejecución de Laudos Arbitrales Extranjeros (Naciones Unidas)
- Convención Interamericana sobre Arbitraje Comercial Internacional (Convención de Panamá, 1975)
- Ley Modelo de CNUDMI sobre Arbitraje Comercial Internacional (1985)
- Acuerdo sobre Arbitraje Comercial Internacional del MERCOSUR (1998)

rantizar un efecto no discriminatorio sobre las mujeres y minorías.

- Los ADR deben minimizar las diferencias de poder preexistentes durante el proceso de toma de decisiones.
- Los tribunales que aplican los acuerdos de arbitraje internacional deben adherirse a una interpretación estrecha de las excepciones tales como las redactadas en la Convención de Nueva York.

EJEMPLOS

En América Latina, los procedimientos alternativos de resolución de disputas, tanto voluntarios como obligatorios, son adoptados cada vez más como un sustituto del procedimiento judicial. En los últimos diez años, muchos países han sancionado leyes de arbitraje nuevas o actualizadas que aumentan la efectividad del instrumento.

- En Brasil la Ley de Arbitraje de 1996 eliminó los obstáculos prácticos para el uso del arbitraje, haciendo que los acuerdos de arbitrajes previos a los conflictos fueran válidos y exigibles sin requisitos adicionales. Expresamente establece "la igualdad de trato para las partes, la imparcialidad del árbitro y la libertad de decisión". Debido a que la constitucionalidad de la Ley fue cuestionada por un juez de la Suprema Corte durante cinco años, no pudo entrar en vigencia hasta 2001.[56]

> En 2002, Paraguay sancionó una nueva ley de arbitraje basada en la Ley Modelo UNCITRAL y se aplica a los procedimientos arbitrales tanto nacionales como internacionales. Conforme a la ley, al igual que los estándares de arbitraje modernos, el tribunal de arbitraje tiene la facultad de decidir sobre su propia jurisdicción y de emitir medidas transitorias.

---

56 Para más información, ver Pucci, Adriana Noemí. "Arbitration in Brazil: Foreign Investment and the New Brazilian Approach to Arbitration" *Dispute Resolution Journal* (febrero - abril 2005).

- La Ley General de Arbitraje de Perú (LGA) de 1996 ofrece pautas de procedimiento integrales y flexibles sobre cómo se deben instrumentar y aplicar los ADR. La LGA garantiza el respeto de la ley de arbitraje internacional incluyendo acuerdos internacionales multilaterales y bilaterales. En Perú, los menores costos y el cumplimiento voluntario de las decisiones adoptadas a través de los ADR los transformaron en un medio confiable para la resolución de conflictos por deudas. Además, las partes son libres de elegir el procedimiento específico para resolver un conflicto y cuentan con un procedimiento predeterminado cuando no se puede llegar a un acuerdo. Los árbitros pueden decidir sobre su jurisdicción y otorgar medidas transitorias; los laudos pueden estar sujetos a revisión por un tribunal estadual o por otro tribunal arbitral.
- En México, el informe oficial publicado por la Suprema Corte de Justicia de la Nación exige un mayor uso de mecanismos alternativos de resolución de conflictos en el sistema judicial, incluyendo un exhaustivo análisis de su efectividad y la creación de leyes y procedimientos que faciliten la expansión y desarrollo de sistemas de justicia alternativos.

Muchos acuerdos de comercio sub-regional también exigen el uso de ADR para resolver conflictos comerciales.

- El artículo 2022 del Acuerdo de Libre Comercio de América del Norte (NAFTA) exige que cada parte facilite el uso del arbitraje y otros medios de ADR para la resolución de conflictos comerciales internacionales entre privados. Los signatarios deben implementar procedimientos que garanticen el cumplimiento de los acuerdos de arbitraje y el cumplimiento de

> El Tratado de Libre Comercio Perú-Estados Unidos y los futuros acuerdos de libre comercio entre los Estados Unidos y Colombia y Panamá también fomentan firmemente el uso de mecanismos de ADR para optimizar la resolución de conflictos comerciales entre privados.

los laudos arbítrales. El artículo 707 del NAFTA asimismo reconoce la importancia de los ADR en la resolución de conflictos por productos agrícolas. Dado que estos bienes son perecederos, obtener una sentencia rápida es sumamente importante.

- El Tratado del MERCOSUR estipula que los conflictos entre los países miembros o entre un residente de uno de estos países y el gobierno de otro debe ser dirimido primero a través de negociaciones directas entre las partes y luego a través de un Grupo Administrativo Especial. Si estos métodos no prosperan, el tratado alienta el uso del arbitraje.

- El artículo 20.22 del Tratado de Libre Comercio Centroamérica-República Dominicana-Estados Unidos (CAFTA–DR) exige que las partes, "hasta el máximo posible", faciliten y alienten el uso del arbitraje y otros métodos de ADR para la resolución de conflictos comerciales internacionales privados en el área del libre comercio.

La promoción de métodos alternativos de resolución de conflictos es un beneficio adicional importante de los tratados de libre comercio porque el arbitraje y otras formas de ADR pueden minimizar la alteración en el libre flujo de bienes y servicios que puede provocar prolongados procedimientos litigiosos. La inclusión de las disposiciones de los ADR en los acuerdos comerciales y, más especialmente, la extensión de los acuerdos de comercio regional debería ser alentada como un medio para promover una resolución rápida y eficiente de los conflictos y para facilitar el flujo de negocios.

QUIEBRA

Algunos de los emprendedores más exitosos a menudo fracasan al principio. Leyes de quiebra justas e integrales pueden alentar los repetidos intentos para lograr innovación en los negocios.

Igualmente importante para la operación y sustentabilidad de un negocio son las leyes de quiebra—es decir, leyes que rigen los procedimientos para tratar empresas insolventes o potencialmente insolventes. Al declararse en quiebra, una empresa queda eximida de la mayoría de sus obligaciones financieras y protegida contra litigios extra-concursales por parte de acreedores individuales. Las leyes de quiebra protegen a las empresas en problemas permitiendo que las compañías viables se sostengan a sí mismas durante crisis financieras de corto plazo y ayudando a las empresas quebradas a liquidarse rápida y eficientemente.

Leyes de quiebras bien redactadas y aplicadas en forma justa y eficiente generan más confianza a los inversores, permitiendo más inversiones

Los que solicitan las quiebras (acreedores, autoridades impositivas y empleados) deben esperar recibir menos de 17 centavos por dólar de las empresas insolventes en Brasil, Ecuador, Venezuela y República Dominicana—un duro contraste con los 81 centavos de Corea del Sur.

Fuente: *Doing Business in 2008*

y el consecuente efecto derrame— crecimiento económico, creación de empleo y mayor prosperidad. Pero las extensas demoras en el proceso de quiebra terminan disminuyendo la potencial recuperación y disuadiendo las inversiones. Los costos legales asociados con años de litigio también constituyen un factor disuasivo muy fuerte para inversores y empresarios. En ese mismo sentido, las empresas que podrían potencialmente sortear las crisis financieras se ven afectadas, dado que el proceso de reestructuración se mantiene sin cambios durante el proceso de quiebra.

Los nuevos emprendedores, junto con la mano de obra en general, son los que más pierden con leyes de quiebra débiles y/o una aplicación deficiente de las mismas. Los procesos de quiebra prolongados castigan desproporcionadamente a las pequeñas empresas que carecen de recursos humanos y financieros para quedarse enredadas en largas batallas judiciales. Todas las empresas nacionales corren el riesgo de menores inversiones, ya que los potenciales acreedores están hartos de invertir en ambientes que se caracterizan por bajos índices de recuperación post-quiebra.

Los efectos de malas leyes de quiebra repercuten en toda la sociedad—la menor inversión conduce al crecimiento más lento de las empresas, menos trabajos y menos oportunidades de aumentar la prosperidad individual. Al final, los procedimientos excesivamente engorrosos que rigen el cierre o reestructuración de las empresas afectarán negativamente la voluntad de acreedores y deudores de participar en actividades de inversión.

Por lo tanto, ¿en qué situación están los procedimientos de quiebra de América Latina comparados con los del resto del mundo? En relación con el tiempo que lleva resolver una quiebra, la eficiencia de la región (3,2 años) se ubica en el nivel de Europa del Este y Asia Central. El informe *Doing Business in 2008* también señala que en el OCDE, la finalización del proceso de quiebra tarda en promedio 1,3 años.

Costo de un procedimiento de quiebra
(medido como % del ingreso per cápita)

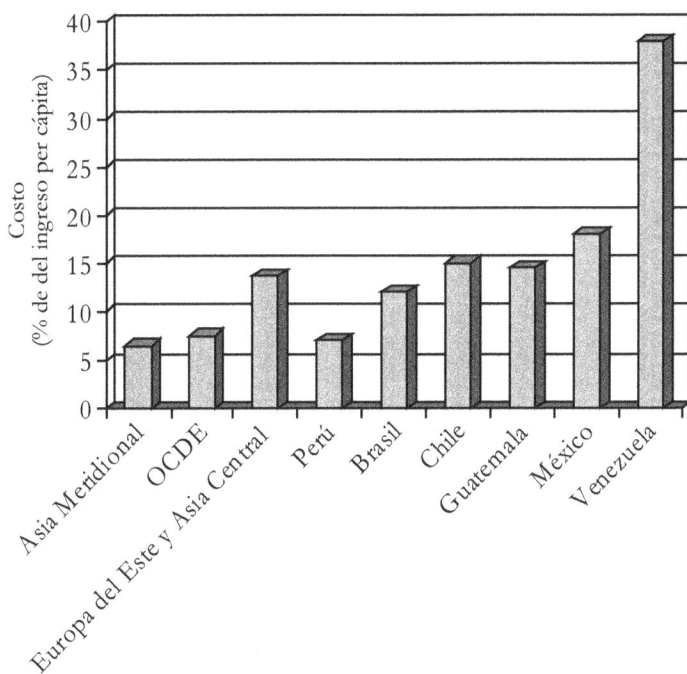

Fuente: *Doing Business in 2008* (Washington, DC: International Finance Corporation / World Bank, septiembre 2007).

Principios

a. Fundamento en la ley

- Las leyes deben establecer un equilibrio adecuado entre la liquidación y la reorganización de manera de maximizar el valor societario de los activos.
- En el caso de reorganización, las leyes deben luchar por lograr un proceso eficiente que minimice la carga burocrática aplicada al deudor.
- Las leyes deben contemplar la liquidación eficiente y ordenada de los activos y el pago a los acreedores.
- La preferencia en el pago de los créditos debe basarse en criterios no discriminatorios.
- Las leyes deben reconocer y hacer valer los derechos de los acreedores.
- Las leyes deben preservar correctamente la prioridad de los créditos.
- Los derechos de garantías reales deben ser reconocidos y respetados.

b. Aplicación

- Los tribunales deben interpretar y aplicar las leyes de una manera que sea justa y transparente para todos los acreedores en situaciones similares. No debe haber prejuicios contra la importancia o condición de las partes o de los acreedores extranjeros en relación con los acreedores nacionales.
- Las sentencias deben equilibrar los derechos de los acreedores con los de los deudores.
- Las leyes y procedimientos deben contemplar una resolución y salida del sistema eficientes y rápidas.
- Los jueces, abogados y funcionarios judiciales deben estar correctamente capacitados para interpretar y aplicar las leyes de quiebra. Deben existir organismos independientes y competentes para su aplicación.

EJEMPLOS

Teniendo en cuenta las implicancias de la crisis económica de Argentina, el Acuerdo Preventivo Extrajudicial (APE) fue sancionado por la legislatura argentina en mayo de 2002. Este mecanismo creó una herramienta eficiente y menos costosa para que las empresas reestructuren sus obligaciones. Conforme al APE, los deudores en situaciones de insolvencia o en problemas económicos o financieros pueden empezar las negociaciones de reestructuración con todos o algunos

> El proceso de APE tiene causas y efectos en todo el hemisferio. Se basa en el Capítulo II del proceso de reorganización de quiebras de los Estados Unidos y partes de la ley han sido adoptadas por Brasil.

de sus acreedores. Se mantienen conversaciones fuera del alcance del sistema judicial y los tribunales sólo participan para obtener la aprobación del acuerdo alcanzado. Para obtener la aprobación judicial final de los acuerdos, una mayoría de los acreedores no garantizados—que representan por lo menos dos tercios del total de obligaciones no garantizadas—debe haber alcanzado un consenso con respecto a la decisión final. Una vez ratificado, el cumplimiento del acuerdo final es obligatorio para todos los acreedores, incluyendo quienes no participaron del acuerdo.[57]

En 2005, la Nueva Ley de Quiebras y Reestructuración de Sociedades de Brasil (*Nova Lei de Falencias e Recuperção de Empresas*) representó un importante adelanto para la rehabilitación de empresas en problemas. Brinda un marco detallado para las reestructuraciones extrajudiciales y judiciales, y permite a un deudor intentar una reestructuración extrajudicial con todos sus acreedores, ciertas clases de acreedores o solamente determinados acreedores.

Como resultado, el tiempo estimado para atravesar una quiebra en Brasil se redujo a más de la mitad (diez a cuatro años).[58] Según un artículo de junio de 2005 que apareció en la *Gazeta Mercantil* de Brasil, la nueva ley podría inyectar 204 mil millones de *reais* a la economía

---

57 Nos gustaría agradecer a Gonzalo Garcia Delatour, un asociado invitado de Hughes Hubbard & Reed LLP por su investigación sobre este tema.
58 *Doing Business in 2008* (Washington, DC: International Finance Corporation / World Bank, septiembre 2007).

en seis años. Esta ley les da a los acreedores una mayor prioridad; anteriormente las deudas por cuestiones laborales se pagaban primero seguidas por los impuestos, préstamos, líneas de crédito y proveedores. La ley también otorga a las empresas 180 días para reestructurarse antes de presentarse en quiebra.

El proceso de reorganización preventiva de Brasil exige a los deudores que depositen sumas fijas en el tribunal. Este dinero puede luego ser utilizado para saldar parte de las deudas a medida que vencen o para pagar los gastos judiciales.

La Ley de Concursos Mercantiles de México, que entró en vigencia en mayo de 2000, ha modificado sustancialmente los procedimientos de quiebra. Antes de las reformas, los procedimientos de insolvencia en México tardaban entre dos y cinco años o más para terminar. Conforme a la ley de 2000, una vez que una empresa es declarada en *concurso mercantil* (o insolvente), debe elaborar un plan de reorganización con sus acreedores dentro del término de un año. Si la empresa deudora y sus acreedores no pueden llegar a un acuerdo dentro de este plazo, la empresa deudora es declarada automáticamente en quiebra, y se designa un *síndico* para vender sus activos.

La Ley de Concursos Mercantiles ya ha sido aplicada por al menos una empresa mexicana en problemas con buenos resultados. En mayo de 2002, luego de un año de negociaciones fallidas con sus acreedores no garantizados, Corporación Durango, S.A. de C.V., la empresa de productos de papel más grande de México, presentó una solicitud de reorganización conforme a la Ley de Concursos Mercantiles. Durango continuó negociando con sus acreedores no garantizados después de la presentación y, en agosto de 2004, la empresa llegó a un acuerdo con el 68 por ciento de sus acreedores no garantizados sobre un plan de reorganización. En febrero de 2005, el tribunal mexicano aprobó el plan, y en unas pocas semanas, Durango había terminado exitosamente su reorganización. Si otras empresas mexicanas seguirán el ejemplo de Durango en aceptar la reestructuración de sus obligaciones financieras aún está por verse.[59]

Las reformas concursales en Colombia se destacan por sus efec-

---

59 Richard Cooper and Dalmau García, "The Durango Restructuring: A New Beginning in Mexican Restructurings?" septiembre 2005, Cleary Gottlieb Steen & Hamilton, LLP, http://www.cgsh.com (consultado el 30 de Julio de 2007).

tos positivos. En 1989 Colombia introdujo una reforma concursal que transfirió los procedimientos del sistema judicial tradicional a un organismo administrativo. Con este enfoque más rápido y más flexible, Colombia vio caer el número de procedimientos necesarios para resolver una quiebra en más del 80 por ciento para los casos iniciados en los dos años posteriores a su aprobación.[60]

El profundo deseo de la Unión Europea de promover la inversión internacional entre los estados miembros la ha colocado a la vanguardia en la resolución de procedimientos de quiebra internacionales. En 2002 entró en vigencia una Regulación sobre los Procedimientos de Insolvencia que, entre otras cosas, garantiza que todas las partes involucradas en un procedimiento concursal no se vean incentivadas a transferir sus activos o procedimientos judiciales a otros estados miembros para obtener un trato más favorable. Equilibrando la soberanía con la necesidad de crear una estandardización dentro de la Unión Europea, la regulación estipula que el procedimiento primario concursal debe originarse en el estado miembro en el que el demandante tiene la mayor cantidad de activos; los procedimientos secundarios pueden ser iniciados en otros estados en los que la empresa que inició la quiebra tiene activos.

Más relevante para América Latina son los esfuerzos adoptados por la Comisión de las Naciones Unidas para el Derecho Mercantil Internacional (CNUDMI), que adoptó una Guía Legislativa sobre el Régimen de la Insolvencia (2004) promoviendo las mejores prácticas y una Ley Modelo sobre la Insolvencia Transfronteriza (1997). La Ley Modelo respeta los procedimientos nacionales a la vez que trata de ordenar los

> El régimen de insolvencia de Brasil ha sido modernizado y su enfoque pasó de centrarse en la liquidación a la reorganización, reflejando el actual consenso entre la comunidad jurídica internacional. Sin embargo, la nueva ley no ha sido fácilmente aplicada en los casos de quiebra que involucran a Varig, la línea aérea nacional más grande de Brasil, y la subsidiaria brasileña de Parmalat. En el caso de Varig, los tribunales ordenaron el remate de la empresa a pesar de los intentos por mantener el control de sus finanzas y bienes.

---

60 Ver "Bankruptcy Reform—Breaking the Court Logjam in Colombia" (Washington, DC: Banco Mundial, septiembre de 2005).

procedimientos de insolvencia en los que los activos de un deudor fallido están distribuidos en diferentes países o los acreedores del deudor están en el exterior. En el 2005, México se transformó en el primer país de América Latina en adoptar una ley basada en la Ley Modelo de CNUDMI.

DERECHOS DE PROPIEDAD Y DERECHOS DE PROPIEDAD INTELECTUAL

Los derechos de amplio alcance para adquirir y proteger la propiedad son fundamentales para los derechos individuales. La Declaración Universal de los Derechos Humanos—ratificada unánimemente por la Asamblea General de las Naciones Unidas—específicamente destaca la importancia de los derechos de propiedad en el Artículo 17. El artículo enuncia: "Toda persona tiene derecho a la propiedad, individual y colectivamente. Nadie será privado arbitrariamente de su propiedad".

Como derecho humano reconocido internacionalmente, el derecho a poseer bienes es de fundamental importancia para el estado de derecho en general.

El respeto de los derechos de propiedad es el eje central de la libertad individual, la restricción de poder del estado y la garantía de los derechos individuales para acumular y comercializar bienes. Asimismo, la protección del derecho de los ciudadanos a ser propietario de bienes les permite insertarse en el sistema político-legal. Esta ciudadanía económica y política mejora el estado de derecho aumentando el deseo de los ciudadanos de proteger y afianzar las instituciones responsables de garantizar la protección de la propiedad.

> En Brasil, un empresario en un gran centro urbano tendrá que atravesar un promedio de 14 procedimientos para registrar sus bienes—junto con Argelia y Nigeria el más elevado en un estudio de 178 economías.
>
> Fuente: *Doing Business in 2008* (Washington, DC: International Finance Corporation / World Bank, septiembre 2007).

También debemos considerar la importancia de los derechos de propiedad intelectual (DPI) para proteger los productos de innovación tecnológica y expresión creativa. Las leyes concebidas para proteger la propiedad intelectual generalmente confieren al creador un derecho exclusivo limitado de usar y vender su creación durante

un período de tiempo determinado.[61] El conocimiento
extendido de cómo surgen
los derechos de propiedad
intelectual y cómo se hacen
valer, junto con un acceso
amplio a estos procesos, es
cada vez más importante para
promover un sistema basado
en reglas.

> Los derechos de propiedad
> intelectual son de gran alcance
> pero en general se centran
> en proteger las invenciones
> y procesos noveles, las obras
> literarias y artísticas y los
> símbolos, nombres, imáge-
> nes y diseños usados en el
> comercio.

Es fundamental que los
tribunales y organismos res-
ponsables de hacer valer los derechos de propiedad intelectual lo
hagan de manera justa, eficiente y transparente.

**¿Por qué los derechos de propiedad y los derechos de propiedad
intelectual son importantes para el crecimiento económico y la
prosperidad?**

Para los nuevos emprendedores, la titularidad segura de la propiedad puede ofrecer garantía en las operaciones económicas y
aumentar el acceso al crédito para hipotecas, capital inicial y otros
emprendimientos comerciales. La capacidad de obtener un título
y la confianza en su exigibilidad también motiva a los individuos
a invertir en su propiedad. Por ejemplo, en Perú los hogares en los
que sus integrantes poseían un título sobre la tierra invertían en la
construcción de su vivienda tres veces más que aquellos que no lo
tenían.[62] Un título legítimo y ejecutable sobre la tierra, junto con la
titularidad estable y definida de la propiedad, mejora las economías
de mercado y las perspectivas de desarrollo.

Pero en el mundo en vías de desarrollo, este derecho básico no
existe. En Perú, los estudios demostraron que el 53 por ciento de los
residentes urbanos y el 81 por ciento de los residentes rurales viven
en tierras sin título. Mientras que en las Filipinas, el 57 por ciento
de los residentes urbanos y el 67 por ciento de los residentes rurales
viven en tierras sin título. En México, a pesar de los impulsos bien

---

61 Esta definición de los derechos de propiedad intelectual es una combinación
    de las utilizadas por la Organización Mundial de Comercio y la Organización
    Mundial de la Propiedad Intelectual.

62 Erica Field, "Entitled to Work: Informal Enterprise in Urban Peru," *Development
    Outreach,* The World Bank Institute (marzo 2005), http://www.worldbank.org
    (consultado el 30 de julio de 2007).

difundidos de titulación de tierras, la protección jurídica y los seguros por los títulos otorgados a los ciudadanos siguen siendo débiles.

En total, el valor estimado global de inmuebles sin título alcanza los U$S 3,9 billones.[63] Si se otorgaran derechos de titularidad, el valor de estas tierras podría ser utilizado para garantizar préstamos e inversiones. De hecho, como resultado de las medidas de titulación masiva de tierras en Perú a fines de la década de 1990, las hipotecas aumentaron de U$S 66 millones en el 2000 a U$S 136 millones en el 2003. A la vez, el crédito formal aumentó de U$S 249 a U$S 367 millones.[64]

Por esa razón, la protección de los derechos de propiedad intelectual también puede alentar la prosperidad individual y el crecimiento económico a largo plazo. Desde la perspectiva de un innovador, las garantías de una protección efectiva fomentan el ingenio y la inversión al transformar una idea en un producto real.[65] Sólo con garantías razonables de aplicación de los derechos de patentes los innovadores pueden tener una oportunidad justa de lograr un rendimiento comercial por sus inventos. Esto es necesario para recuperar el costo de desarrollo y financiar futuras invenciones. La divulgación de patentes también puede actuar como un catalizador para futuras invenciones. La difusión generalizada de nuevos productos permite a los inventores concentrarse en otros esfuerzos y evitar la duplicación innecesaria de investigación.

> *Patentes:* Los derechos concedidos a un inventor para excluir a otros de la explotación comercial de la invención durante un tiempo limitado.
>
> *Marcas:* Todo signo que individualice un producto y lo diferencie de los productos de la competencia.
>
> *Copyright:* Los derechos concedidos a los creadores sobre sus obras literarias, científicas y artísticas.

Las pequeñas empresas y otras empresas nacionales tienen un

---

63 Hernando De Soto, *The Mistery of Capital: Why Capitalism Triumphs in the West and Fails Everywhere Else* (New York: Basic Books, 2000).

64 *The Economist,* "The Mystery of Capital Deepens," agosto 26, 2006.

65 Si bien la protección de la propiedad intelectual es importante para ofrecer incentivos para la innovación y la investigación, no es suficiente por sí sola. La protección de las ideas y los productos basados en el conocimiento debe ir acompañada con inversión en educación y tecnología para promover el desarrollo sostenido de la alta tecnología.

interés especial en la protección de sus derechos de propiedad intelectual. Para las pequeñas empresas, la innovación (y su protección) es una buena fuente de desarrollo ya que puede requerir sólo una mínima inversión de capital. Estas mismas empresas también se benefician con compartir tecnología, inversiones y emprendimientos conjuntos con empresas internacionales cuando la protección de inventos está garantizada.

Los consumidores se encuentran entre los principales beneficiarios de la protección de la propiedad intelectual. Por ejemplo, cuando las leyes de DPI son adecuadas y se cumplen, los consumidores pueden estar más tranquilos de la seguridad y calidad de los productos. Esto es especialmente importante en áreas como la medicina en donde las drogas de imitación (*copycat drugs*) pueden ocasionar consecuencias desastrosas para la salud. El respeto por los derechos de propiedad intelectual también alienta el lanzamiento nacional de los productos más novedosos, permitiéndoles a los ciudadanos y a las empresas locales acceder a desarrollos de última generación.

Por ejemplo, el copyright—un tipo de propiedad intelectual aplicable a las artes y la tecnología—es importante para fomentar el desarrollo social y cultural. Protegiendo a los autores y otros creadores, el copyright puede respaldar la creación de nuevas obras que a menudo reflejan la herencia nacional, a la vez que apoyan el crecimiento de las industrias nacionales. Ciertamente, si bien la creatividad artística y la innovación casi no dependen de esas garantías legales, brindan una poderosa protección para artistas y creadores.

Principios Básicos

Lograr un sistema que funcione correctamente para los derechos de propiedad y los derechos de propiedad intelectual requiere un marco básico de:

- fácil acceso para el registro no político de reclamos de propiedad;
- transparencia en la emisión de protecciones a la propiedad y a la propiedad intelectual;
- castigo ejemplar y eficiente a las personas que violan estos derechos;
- instituciones sólidas para garantizar la protección de los derechos individuales;
- colaboración entre autoridades nacionales e internacionales

responsables de prote-
ger la propiedad;

- reconocimiento de convenciones e instrumentos internacionales acordados; y
- igualdad de trato para todos los titulares de los derechos de propiedad y de propiedad intelectual.

Los derechos de propiedad y los derechos de propiedad intelectual se analizan en detalle en las secciones siguientes. Al igual que en otros capítulos, primero relacionamos la protección de estos derechos con el tema más amplio del estado de derecho, y luego destacamos una serie de principios normativos que proponen cómo cada uno de estos derechos puede contribuir al estado de derecho. La sección concluye con ejemplos de prácticas y leyes de todo el mundo centrándose en América Latina.

> En 2005, se perdieron aproximadamente $3.700 millones en el comercio en las Américas debido a la piratería. Con un 98 por ciento de los discos y música falsificados en Perú y un 99 por ciento en Paraguay, estos países son los peores infractores del hemisferio.
>
> Fuente: International Intellectual Property Alliance, 18 de septiembre de 2006.

DERECHOS DE PROPIEDAD

El respeto y garantía de los derechos de propiedad estimula la participación en las economías locales y puede contribuir a mitigar la pobreza.

La seguridad de la propiedad es uno de los derechos más básicos y esenciales protegidos por el estado y sus organismos. Los derechos de propiedad son el conjunto de derechos que proporcionan la protección legal de la titularidad. Estos derechos establecen el control, uso y transferencia de bienes, y están incorporados en todos los aspectos del sistema jurídico. Esenciales para la seguridad de la propiedad son los títulos y leyes que establecen las reglas que rigen la titularidad y los procedimientos que contemplan la aplicación y el cumplimiento de las mismas por el gobierno. Cuando prevalece el respeto por los derechos de propiedad, los emprendedores pueden promover aún más el desarrollo comprando y comercializando bienes como títulos y acciones.

Desde las viviendas a las inversiones comerciales, los derechos de propiedad no sólo comprenden la seguridad frente la toma de poder o expropiación, sino también brindan a los individuos un activo tangible necesario. Esta necesidad de contar con procedimientos de titulación adecuados y eficientes aumentó con la migración urbana en toda la región. A medida que las ciudades se desarrollaron y atrajeron a nuevos residentes, los procesos de titulación ineficientes generaron un aluvión de asentamientos, en donde, las familias viven sin título sobre sus tierras. Esto ha obstaculizado el desarrollo en las comunidades locales y ha expulsado de la economía formal a muchos de los que llegaron a las ciudades buscando un mejor nivel de vida. Los derechos humanos establecidos internacionalmente también insisten en que cada individuo y familia estén seguros en su propiedad y protegidos contra la recuperación arbitraria por parte del estado o de un tercero.

> John Locke: "Cada hombre es dueño de su propia persona...Entonces todo aquello que él saque del estado en que la naturaleza lo ha producido, y dejado, y lo mezcle con su trabajo, lo une a algo que le pertenece, y por lo tanto lo convierte en su propiedad."

Las empresas pequeñas y grandes también requieren una adecuada protección de la propiedad y confianza en el cumplimiento y la aplicación de ese derecho. Un nuevo emprendedor probablemente no asuma los riesgos de una inversión humana y financiera para iniciar una empresa si el sistema jurídico no puede garantizar su derecho de propiedad. Los impedimentos que enfrentan las empresas para considerar a la propiedad como un activo, limitan severamente el acceso al capital necesario para crecer.

Principios

a. Fundamento en la ley

- Las leyes deben establecer un medio estandarizado e integrado de identificar y definir la propiedad.
- Para facilitar el acceso a la propiedad se deben simplificar las normas y procesos para obtener el título, reduciendo

las barreras para obtener una aprobación/reconocimiento formal.

- Las reglas para otorgar títulos y proteger a la propiedad deben reflejar las normas sociales establecidas manteniéndose al margen de la influencia política.
- Los procedimientos claros y simples son esenciales para redactar e interpretar las declaraciones que confirman la titularidad y facilitan la transferencia de bienes.
- El uso de la propiedad como garantía—con el riesgo que implica—debe estar permitido.
- Las protecciones a la propiedad deben estar claramente enunciadas en la ley.

b. Aplicación

- Los tribunales y procedimientos para resolver conflictos menores relacionados con la propiedad deben ser física y financieramente accesibles.
- Los programas para otorgar títulos deben partir de las relaciones y normas sociales e informales existentes.
- La interpretación judicial de las leyes que protegen los derechos de propiedad, uso y transferencia deben ser claros y coherentes.
- Al analizar las leyes que regulan la propiedad relacionadas con las garantías, ninguna parte debe ser injustamente favorecida.

EJEMPLOS

La concesión de derechos de propiedad continúa ganando importancia en todo el mundo ya que los gobiernos reconocen las relaciones intrínsecas entre mitigar la pobreza y otorgar a los individuos los derechos legales sobre su tierra. Por ejemplo, se están llevando a cabo programas de titulación de tierras en Colombia, México, Honduras, Paraguay, Ghana, Egipto, Sudáfrica, Turquía y las Filipinas. En las Américas algunos ejemplos importantes se detallan a continuación.[66]

---

66 Sebastián Galiano y Ernesto Schargrodsky. "Property Rights for the Poor: Effects on Land Titling." agosto de 2005.

- Casi 1,2 millones de peruanos se transformaron en propietarios en el término de cinco años después de que el gobierno emitiera reformas para promover la titularidad de los derechos de propiedad sobre los bienes poseídos. Creado en 1996, la Comisión de Formalización de la Propiedad Informal (COFOPRI) convirtió la propiedad no registrada en tierras con títulos a través de un proceso rápido y económico. El proceso fue administrado por una red de oficinas locales que permitió al comité llegar a la mayoría de los barrios informales en ocho ciudades. Calificar para un título exigía simplemente demostrar residencia en la tierra en cuestión antes del inicio del programa.[67]
- En Brasil, 272.000 familias de las *favelas* recibieron títulos de propiedad desde 2003, mientras que se espera que otras 450.000 familias reciban títulos en el futuro.[68] El gobierno estudia *favelas* específicas y luego otorga títulos a las familias que pueden demostrar que vivieron en esas tierras durante al menos cinco años. En Río de Janeiro, el gobierno anunció en septiembre de 2006 que empezará un programa en dos *favelas* más, para beneficiar a alrededor de 5.000 familias.[69]
- En 1984, el gobierno de la provincia de Buenos Aires, Argentina, trató de resolver la insostenible situación de la tierra para las casi 1.800 familias que viven sin títulos de propiedad en las afueras de la ciudad de Buenos Aires. En una ley sancionada ese año, el gobierno ofreció a los propietarios formales una indemnización de manera que la gente que realmente vivía en los inmuebles podría gozar de derechos de propiedad. La mitad de estos propietarios aceptaron la oferta y los demás siguen tratando de dirimir esa medida en el ámbito judicial. Sin embargo, cientos de familias ahora son dueñas de sus tierras.
- El derecho de propiedad en Perú mejoró significativamente el acceso al crédito en sólo tres años. Con la propiedad como garantía, el programa de titulación masiva de Perú

---

67 Erica Field, "Entitled to Work: Informal Enterprise in Urban Peru," *Development Outreach*, The World Bank Institute (marzo de 2005), http://www.worldbank. org (consultado el 30 de julio de 2007).

68 *Brasil Magazine*, "Favela Residents in Brazil Get Deed to Their Shacks," septiembre de 2006.

69 Ibid.

ayudó a aumentar el crédito formal en más de U$S 100 millones.

- En México, a pesar de varios programas de titulación iniciados por el gobierno, la propiedad privada sobre las tierras sigue siendo insignificante. Las restricciones legales a la cantidad de escribanos públicos en México crearon un cuello de botella para los nuevos propietarios que deseaban registrar oficialmente su título conforme a la ley. Según una fuente, hay solamente 245 escribanos públicos en la ciudad de México, un área urbana con una población de más de 11 millones de habitantes.

DERECHOS DE PROPIEDAD INTELECTUAL

El respeto de los derechos de propiedad intelectual estimula la industria interna y protege la creatividad nacional.

En un mundo cada vez más globalizado y dependiente de la tecnología, la protección de los derechos de propiedad intelectual aparece como un factor clave para el crecimiento y desarrollo económicos. Un régimen de derechos de propiedad intelectual adecuado y efectivo, crea empleo, genera ingresos gravables para el gobierno y facilita la inversión extranjera y nacional garantizando la protección de la propiedad intelectual de los inversores. Aunque gran parte de la discusión sobre el respeto de los derechos de propiedad intelectual se centra en los intereses de las empresas extranjeras que operan en el mundo en desarrollo, la observancia de esos derechos beneficia por igual a los participantes nacionales y estimula la industria nacional a la vez que preserva la cultura y creatividad del país. Además de ofrecer incentivos económicos a innovadores nacionales y extranjeros, las leyes de propiedad intelectual y su cumplimiento y aplicación también protegen a los consumidores reduciendo la posibilidad de que productos falsificados que no cumplen con los estándares de salud, seguridad o calidad puedan llegar al mercado. En países en donde los derechos de propiedad intelectual son claros, están codificados y se respetan activamente, las empresas y los consumidores prosperan.

La propiedad intelectual se divide generalmente en dos categorías: propiedad industrial, que se refiere a las marcas, patentes y otros elementos similares, y el copyright, que se refiere a los derechos otorgados a los creadores por sus obras literarias, artísticas y científicas.[70] Una patente generalmente protege un dispositivo, método o proceso que es nuevo, inventivo y útil. Le da al inventor el derecho de excluir a otros de hacer, usar o vender el invento durante un período limitado. Una marca comercial le otorga al producto una marca exclusiva que lo identifica y distingue de los productos de la competencia y les garantiza a los consumidores que están comprando el producto que desean comprar.

> La Organización Mundial de la Salud estima que el 25 por ciento de los medicamentos vendidos en los países en desarrollo son falsificados. En Perú, se calcula que las drogas falsas representan el 80 por ciento de la producción farmacéutica nacional.
>
> Fuente: Julian Morris y Philip Stevens, "La falsificación de medicamentos en los países menos desarrollados," (London: Internacional Policy Network, 2006).

El copyright protege la expresión única de una idea o información durante un período limitado y puede ser aplicado a obras artísticas tradicionales (es decir, obras literarias, películas y composiciones musicales) así como al software de las computadoras, las bases de datos y otros materiales técnicos.

Durante los últimos 20 años, los economistas y académicos han prestado cada vez más atención a los derechos de propiedad intelectual y su impacto en el desarrollo económico. Numerosos estudios demostraron que los regímenes de derechos de propiedad intelectual exigibles aumentan el bienestar económico general en los países menos desarrollados. Aunque muchos de estos estudios se centraron principalmente en las patentes; la protección del copyright, con costos iniciales generalmente menores y mayor creación nacional (al compararlos con los productos patentados), también contribuyeron a promover el bienestar económico.[71] De hecho, las industrias del copyright ya hacen un aporte significativo a las eco-

---

70 La propiedad industrial también puede referirse a las marcas de servicio, los modelos de utilidad, los diseños industriales, los diseños de circuitos integrados, los nombres y designaciones comerciales, las indicaciones geográficas y la protección contra la competencia desleal. Estas sub-categorías no están contempladas en este informe.

71 International Intellectual Property Alliance, *Initial Survey of the Contribution of the Copyright Industries to Economic Development,* International Intellectual Property Alliance (abril de 2005), http://www.iipa.com (consultado el 30 de Julio de 2007).

nomías locales de muchos países latinoamericanos. En México, por ejemplo, en 1998 las industrias de copyright representaban el 6,7 por ciento del PIB y empleaban a alrededor de 1,5 millones de personas, representando un 3,7 por ciento de la mano de obra total de México de ese año.[72] Los porcentajes para Argentina, Brasil y Uruguay son prácticamente los mismos.

Si bien los beneficios económicos del estricto cumplimiento y aplicación de los derechos de propiedad intelectual son evidentes, también lo son las desventajas de los regímenes débiles. Por un lado, la falta de protección de la propiedad intelectual puede reducir los incentivos para las empresas e inventores de invertir tiempo y dinero en desarrollar nuevos productos, lo que impide el progreso y

> Las empresas patentan entre el 50 y 80 por ciento de sus inventos.
>
> Fuente: Edwin Mansfield, 1986.

evita la transición de la economía informal a la formal. La falta de protección de los derechos de propiedad intelectual también afecta los derechos que los artistas tienen sobre sus propias creaciones. Asimismo, las empresas extranjeras probablemente no introduzcan productos nuevos e innovadores en países en los que pronto los productos serán vulnerables a la competencia de imitaciones. Como resultado, los ciudadanos de países que carecen de una sólida protección de estos derechos se pierden los avances tecnológicos importantes de los que gozan los países con regímenes más desarrollados. De la misma manera, los mercados exportadores resultan afectados porque muchos países tienen más dudas acerca de importar productos de lugares que ignoran las violaciones de los derechos de propiedad intelectual. Los importadores no pueden estar seguros sobre la calidad o autenticidad de los productos.

Los tratados de libre comercio como los Tratados de Libre Comercio con Perú y Colombia ofrecen reglas y pautas claras para establecer una protección justa y exigible de los derechos de propiedad intelectual.

Comprendiendo la importancia que los derechos de propiedad intelectual tienen para el desarrollo, la comunidad internacional se ha reunido para promover la protección a nivel nacional e internacional. Las convenciones y acuerdos internacionales, junto con los esfuerzos conjuntos entre países y el compartir las mejores prácticas,

72 International Intellectual Property Alliance, 10.

mejoraron el entorno para la protección de los derechos de propiedad intelectual. Aquí se exponen algunos ejemplos:

- En 1994, el Acuerdo de la Organización Mundial del Comercio sobre los Aspectos de los Derechos de Propiedad Intelectual relacionados con el Comercio (ADPIC) se estableció como el primer acuerdo multilateral sobre la propiedad intelectual relacionada con el comercio. Siendo el acuerdo de propiedad intelectual internacional más completo, el ADPIC rige el copyright y otros derechos relacionados, las indicaciones geográficas, las patentes, las marcas comerciales, la apariencia distintiva del producto y la información no revelada o confidencial, y especifica los procedimientos de aplicación y resolución de conflictos.

- El tratado más importante que rige las cuestiones sobre patentes y marcas se remonta a la Convención de París para la Protección de la Propiedad Industrial (1883). Más recientemente, las marcas comerciales también fueron consideradas en el Tratado sobre el Derecho de Marcas (1994) y el Tratado de Singapur sobre el Derecho de Marcas (2006) de reciente adopción.

- El copyright y los derechos relacionados están protegidos en el Convenio de Berna para la

En el Tratado sobre el Derecho de Patentes—un tratado de 1970 que detalla cuestiones de procedimiento—los países en desarrollo representaban menos del 2 por ciento de las solicitudes de 1999 a 2001. De estas solicitudes, más del 95 por ciento correspondía a China, India, Sudáfrica, Brasil y México.

Fuente: UK Commission on Intellectual Property Rights.

El *Business Software Alliance* estima que el 35 por ciento del software que actualmente se utiliza es pirata. En América Latina, esa cifra alcanza el 66 por ciento.

Fuente: *Fourth Annual BSA and IDC Global Software Piracy Study*, 2007.

Protección de las Obras Literarias y Artísticas (1886), la Convención Internacional de Roma sobre la Protección de los Artistas Intérpretes o Ejecutantes, de los Productores de Fonogramas y los Organismos de Radiodifusión (1951), el Tratado de Copyright de la OMPI (Organización Mundial de la Propiedad Intelectual) (1996) y el Tratado de Actuaciones y Fonogramas de la OMPI (1996).

Principios

a. Fundamento en la ley

Propiedad intelectual – Condiciones generales
* La legislación local debe ser coherente con las convenciones internacionales.
* La legislación local debe brindar a los extranjeros la misma protección que a los propios ciudadanos.
* Se debe brindar igualdad de trato para todos los innovadores en casos de violación de patentes, piratería de marcas y falsificación.
* Todos los participantes de la cadena de suministro deben ser considerados responsables por involucrarse intencionalmente en la venta de productos que violen las protecciones de patentes, marcas y copyright.

> El Instituto Nacional de la Propiedad Industrial de Brasil presenta un retraso de 60.000 solicitudes y una espera de 8 a 10 años para emitir decisiones.
>
> Fuente: Michael Ryan, 2006.

Copyright
* Los grandes y pequeños titulares de copyright deben tener libre acceso al sistema.

b. Aplicación

Propiedad intelectual – Condiciones generales
- Las medidas cautelares deben existir como un recurso frente a la violación de los derechos de propiedad intelectual.
- Los productos y los materiales falsificados usados en su fabricación deben ser destruidos de inmediato excepto en circunstancias excepcionales.
- Se deben tomar medidas contra los infractores de la propiedad intelectual para desalentar nuevas violaciones a la vez que se debe facilitar la recuperación de las pérdidas.
- Los procedimientos de investigación junto con los poderes de oficio, mediante la aplicación de la ley y las penas severas, pueden servir como elementos disuasivos de la falsificación y la piratería.
- Las autoridades gubernamentales en las zonas de libre comercio y áreas fronterizas deben tener la autoridad y el poder de iniciativa para hacer cumplir estricta y coherentemente los derechos de propiedad intelectual.
- Debe existir cooperación dentro del país y con los países vecinos entre las aduanas, los poderes judiciales, la policía y otras autoridades para maximizar la acción colectiva en contra de los infractores.
- Los jueces que deben resolver conflictos sobre derechos de propiedad intelectual deben contar con la capacitación técnica y experiencia adecuadas.
- Los procedimientos para suspender la venta de productos falsificados o identificados con marcas confusamente similares deben exigir pruebas suficientes de los titulares de los derechos, y a la vez asegurar que las obligaciones no sean excesivamente engorrosas como para disuadir a las pequeñas y medianas empresas de iniciar algún procedimiento.
- Los conflictos deben ser resueltos de manera justa y rápida.

Propiedad industrial (Patentes/Marcas)
- Se debe contar con fácil acceso e información sobre cómo se determinan y respetan las patentes y marcas comerciales.
- Debe haber programas y material gubernamental de asistencia a los inventores individuales y a las pequeñas

empresas para obtener la protección de sus inventos y/o marcas.
- El aviso de una invención y el otorgamiento de una patente deben ser ampliamente difundidos.
- Se deben usar criterios consistentes y procesos transparentes para determinar si un invento es en realidad nuevo y no obvio (paso inventivo).
- Los criterios para el rechazo y aceptación de solicitudes de marcas y patentes deben ser aplicados de manera consistente.
- Las resoluciones de casos sobre violación de patentes deben tener en cuenta los daños a corto y largo plazo sufridos por el propietario de las patentes.

EJEMPLOS

En el Hemisferio Occidental varios países hicieron notables adelantos en relación con los derechos de propiedad intelectual. Sin embargo, la protección de la propiedad intelectual sigue siendo una gran preocupación en la mayoría de los países, y estos ejemplos sirven solamente para destacar un grupo minúsculo de acciones alentadoras.

- En Paraguay, en enero de 2005 entró en vigencia una ley de patentes. Originalmente promulgada en noviembre de 2000, la nueva ley establece el otorgamiento de patentes para composiciones farmacéuticas. La ley también se refiere a la violación de patentes y brinda recursos a través de acciones civiles y penales y una disposición específica que establece los términos para calcular daños y pérdidas.
- Brasil estableció el Consejo Nacional para Combatir la Piratería y los Delitos contra la Propiedad Intelectual en octubre de 2004. Aunque este país ha tomado algunas medidas en los últimos años para luchar contra la piratería, el Consejo representa un logro importante. Varios ministerios, el poder legislativo, la policía y representantes de la industria trabajaron en conjunto para desarrollar un plan nacional para eliminar la piratería a través de más educación, respeto, colaboración institucional y nuevas políticas económicas. En el 2005 se puso especial atención al respeto de los derechos de propiedad intelectual y

se realizaron varias operaciones en lugares donde los productos pirateados ingresan al país; también se tomaron medidas en algunos de los lugares más importantes para la venta de productos pirateados.

- En Colombia, la Resolución 603, sancionada en julio de 2000, exige que las empresas informen sobre el cumplimiento de las leyes de copyright en informes impositivos anuales. La legislación específicamente destaca la piratería de software y, al tratar este tema como una forma de evasión impositiva, permite a la autoridad tributaria que inspeccione las licencias de software durante las inspecciones impositivas. La resolución se refiere a un tema clave de la propiedad intelectual en Colombia en donde la piratería de software está muy generalizada. Sin embargo, dado que la autoridad impositiva puede, pero no está obligada a garantizar el cumplimiento, la disposición aún tiene que hacer importantes incursiones para combatir la piratería del software.

El *Clube Atlético Paranense* de Brasil redujo exitosamente las ventas de productos ilegales por parte de vendedores callejeros mediante la fabricación de indumentaria y otros productos más económicos que son distribuidos por vendedores. Esto no sólo incrementa las ventas del equipo sino que también ingresa nuevos actores a la economía formal.

Fuera de las Américas, la Unión Europea dispone de muchas disposiciones modelo que brindan una buena orientación sobre cómo mejorar las garantías de la propiedad intelectual.

- En Alemania, un sistema judicial confiable, rápido y económico le ha permitido transformarse en la jurisdicción europea preferida para el litigio de patentes. Jueces profesionales con formación académica en ciencia o ingeniería presiden los casos de conflictos de patentes, reduciendo el tiempo y costo para resolver las causas eliminando el uso de peritos externos.
- Italia, en la década de 1990, cambió el tratamiento de la

piratería y la vinculó a la violación de impuestos—un cargo que genera severas sanciones.

- Una Marca Comercial de la Comunidad (en inglés, CTM) permite que el registro del titular de una marca europea sea válido en todos los países miembros de la Unión Europea. Evitando las presentaciones separadas, la CTM simplifica los procedimientos y reduce los gastos para el solicitante.

Observando otros países en desarrollo, India se ha reposicionado como un centro para la investigación e innovación a través de la adopción de leyes de propiedad intelectual más estrictas. En marzo de 2005, el parlamento indio aprobó una ley por la que el país empezaba a cumplir con el acuerdo ADPIC. Con una industria farmacéutica y biotecnológica sólida y el cuarto mercado de medicamentos más grande del mundo por su volumen, la legislatura de India creyó que los productores locales de medicamentos tenían más para ganar si el gobierno introducía protecciones de patentes según las leyes internacionales. La ley de patentes anterior sólo exigía que las patentes fueran otorgadas a los procesos químicos que producían un medicamento—no al medicamento en sí—lo que permitió la creación de una enorme industria de genéricos que había provocado que muchas empresas extranjeras no invirtieran en India.

Argentina, Brasil y Chile aún tienen que ofrecer una adecuada protección contra el uso comercial desleal de ensayos no divulgados y otros datos presentados por las empresas farmacéuticas que buscan la aprobación de comercialización para sus productos. En el caso de Chile, se deben realizar importantes modificaciones a la ley de propiedad intelectual para ajustarla a los acuerdos internacionales y bilaterales.

Fuente: 2006 Special 301 Report.

CONCLUSIÓN

Formamos este grupo de trabajo y estamos emitiendo este informe en un momento de importante transición en América Latina. Durante un año, mientras nuestros miembros analizaban cómo mejorar el estado de derecho en las Américas, en 12 países latinoamericanos se eligieron nuevos gobiernos. En el período comprendido entre noviembre de 2005 y fines de 2006 se llevó a cabo la elección o re-elección de presidentes en Brasil, Perú y México, cada uno con su propia visión y rumbo hacia el futuro. Estas históricas elecciones en el hemisferio constituyen una oportunidad única, para que estos nuevos gobiernos busquen la satisfacción de las demandas de los ciudadanos en materia de seguridad y prosperidad, mejorando efectivamente el estado de derecho.

A lo largo de este informe hemos señalado los numerosos desarrollos positivos que los gobiernos implementaron para que el estado de derecho fuera más accesible, justo, transparente y eficiente. Pero estas reformas, si bien son de suma importancia, no han producido un cambio sistémico. En su lugar, lo que estamos observando son ejemplos aislados de éxito. Como analizamos a lo largo de este informe, el estado de derecho es una red integral y continua que se extiende desde el individuo hasta la empresa. Promover el tipo de reforma integral que puede involucrar a todos estos factores y los principios señalados en este informe exige un profundo cambio sistémico.

Entre los diferentes principios y propuestas, al grupo de trabajo le gustaría destacar tres importantes ideas que surgieron a lo largo de nuestras discusiones. Primero, el estado de derecho es importante para la vida de todos en una sociedad. Todo individuo necesita estar seguro de que la ley, desde su elaboración hasta su aplicación, es parte de un sistema jurídico abierto, posible e igualitario. Segundo, los individuos que constituyen la economía de un país, desde los nuevos emprendedores hasta los empresarios y consumidores, deben tener confianza en el estado de derecho para maximizar sus potenciales aportes económicos. Las economías pueden prosperar sin él, pero para lograr un crecimiento económico sustentable y alcanzar nuevos niveles de prosperidad es necesario un sistema jurídico que funcione correctamente. Tercero, el interés y el compromiso colectivo del sector privado en temas relacionados con el estado de derecho es un bien público general. Un ambiente propicio para el desarrollo de emprendimientos está ligado estrechamente a un ambiente en el que todos los individuos sean iguales beneficiarios de un marco legal sólido.

Mientras la Americas Society y el Council of the Americas continúan con este trabajo, esperamos que otros sigan involucrados en el fortalecimiento del estado de derecho en nuestro hemisferio. Hay muchas maneras de que la comunidad internacional y los actores nacionales pueden ayudar a facilitar un cambio positivo. Una medida es apoyar a los gobiernos que procuran o han implementado reformas necesarias. Mejorar el estado de derecho exige un enfoque de múltiples facetas que se logra mejor con un compromiso general y amplio apoyo. Para esto, es esencial el diálogo y el debate interno para asegurar que diferentes opiniones, análisis y propuestas sean incorporados a las posibles modificaciones del sistema jurídico.

En la próxima etapa de este grupo de trabajo estaremos haciendo exactamente eso. Este documento será utilizado como informe de debate para reunir grupos de trabajo en varios países del hemisferio. Estos grupos de trabajo reunirán una muestra representativa de la comunidad local. No sólo estos debates permitirán una conversación más integral, sino que juntos, el sector privado, las organizaciones no gubernamentales, las instituciones multilaterales, los profesionales del derecho y otros actores pueden sentar las bases para un cambio real y positivo.

INTEGRANTES DEL GRUPO DE TRABAJO

Co-Presidentes del Grupo de Trabajo:

Antonia Stolper es una de las socias de **Shearman & Sterling LLP**, con especialización en operaciones financieras corporativas en mercados emergentes. Durante su carrera ha administrado y asesorado en numerosas ofertas de títulos de deuda y acciones para emisores de América Latina y ha trabajado extensamente en acuerdos de reestructuración en la región. Antonia Stolper también es co-editora de *Latin American Capital Markets* y miembro del comité asesor del *Cyrus R. Vance Center for International Justice Initiatives* de la Asociación de Abogados de la Ciudad de Nueva York.

Mark Walker es Socio Gerente de **Cleary Gottlieb Steen & Hamilton LLP.** Durante sus más de 40 años de experiencia comercial y financiera internacional, trabajó extensamente en la administración de deuda internacional y asesoró a varios gobiernos sobre temas de deuda externa, incluyendo a Argentina, Colombia, las Filipinas, la República del Congo y Eslovenia. Su experiencia también incluye inversiones en petróleo y gas, proyectos de infraestructura y energía. En 2007, la *Chambers Global Guide to the World's Leading Lawyers* distinguió al Sr. Walker por su liderazgo en la práctica financiera internacional.

Miembros:

Ramzi Aboutaam es Asesor Legal Senior en **Pfizer Inc.** Actualmente es responsable de brindar asistencia legal a las operaciones farmacéuticas de Pfizer en Canadá, América Latina, África y el Medio Oriente. Antes de eso, en El Cairo, Egipto, el Sr. Aboutaam fue Director de Asuntos Legales para Pfizer en Medio Oriente.

$\rightarrow$

Sam Anson es Director Gerente Regional de las operaciones en América Latina y el Caribe de **Kroll, Inc.**, liderando la prestación de servicios de investigación, peritaje contable y riesgos corporativos para clientes de la región. También tiene a su cargo la oficina de Kroll en Miami. En Kroll, el Sr. Anson ha manejado una amplia gama de complejas investigaciones de inteligencia comercial, asistencia en litigios y "due diligence". Antes de ingresar a Kroll, el Sr. Anson fue un laureado periodista de investigación en Los Angeles, California.

Eduardo Bertoni es Director Ejecutivo de la **Fundación para el Debido Proceso Legal (DPLF)**, la única organización privada sin fines de lucro en los Estados Unidos dedicada a promover el estado de derecho y las políticas públicas que mejoran la administración de justicia en América Latina. El Sr. Bertoni es abogado argentino y ex profesor en el Instituto de Derechos Humanos de la Facultad de Derecho de la Universidad de Columbia.

P. Claude Burcky es el Vicepresidente de la División de Asuntos y Política Gubernamental Global en **Abbott.** Actualmente está a cargo de todos los asuntos gubernamentales y políticas internacionales para Abbott, incluyendo el comercio y la propiedad intelectual, entre otros. Antes de ingresar a Abbott, el Sr. Burcky se desempeñó como Sub-Asistente para Propiedad Intelectual en la Oficina del Representante Comercial de los Estados Unidos.

Oswald L. Cano es Gerente General de Asuntos Gubernamentales y Regulatorios para **PSEG Global LLC.** El Sr. Cano lidera las actividades de asuntos internacionales para Global y ha participado activamente en resoluciones de conflictos con varios gobiernos de América Latina, Europa y Asia. Tiene vasta experiencia en administración general, operaciones y regulaciones en el sector de distribución eléctrica tanto en Estados Unidos como internacionalmente.

Juan Pablo Cappello es el Accionista Principal del Grupo de Práctica Latinoamericana en **Greenberg Traurig, LLP**, el cuarto estudio jurídico más grande de los Estados Unidos. Reside en Miami. El Sr. Cappello fue socio y Asesor Legal de Patagon. Antes de eso, el Sr. Cappello fue Asesor Legal y SVP de SKY Latin America. Es chileno y también trabajó en Cleary Gottlieb Steen & Hamilton (Nueva York) y Philippi, Yrarrazaval (Santiago), dos importantes estudios jurídicos.

Maria Fernandez es Asesora Legal Senior Regional de **IBM Latin America.** Desde San Pablo, Brasil, brinda asesoramiento legal al equipo ejecutivo de la Oficina de América Latina y es responsable de las negociaciones de contratos, adquisiciones, ventas, asuntos corporativos, litigios y actividades de fabricación en México, Brasil y otros países de América del Sur. Es miembro de las asociaciones de abogados de Nueva York y California y también de la Hispanic National Bar Association.

Alejandro Garro es profesor en la **Facultad de Derecho de la Universidad de Columbia,** en donde también es Investigador Senior en la Parker School of Foreign and Comparative Law. Es autor y editor de libros y artículos académicos sobre arbitraje comercial internacional, ventas internacionales y transacciones garantizadas. El Sr. Garro es delegado del Gobierno de Argentina ante la Comisión de las Naciones Unidas sobre Derecho del Comercio Internacional y representa a la New York City Bar Association ante UNIDROIT.

Patrick Garver es Asesor Legal de **Barrick Gold Corporation** de Toronto, en donde tiene a su cargo la administración de los asuntos legales mundiales de Barrick. Antes de ingresar a Barrick en 1996, fue socio en el estudio jurídico Parsons Behle & Latimer de Salt Lake City. Ha ocupado distintos puestos de liderazgo en organizaciones como la Utah State Bar, la American Bar Association y la Rocky Mountain Mineral Law Foundation. Fue elegido por un comité de pares como el Asesor Legal Canadiense del Año, en el 2006.

W. Brendan Harrington es Director de Relaciones de Comercio Internacional en la oficina de Washington de **Eastman Kodak Company.** Se ocupa de la legislación comercial y tributaria y de cuestiones sobre relaciones internacionales. Antes de ingresar a Kodak en 2003, fue vicepresidente adjunto en la Oficina de Relaciones Gubernamentales en Washington de Cargill Incorporated. El Sr. Harrington también se desempeñó como asesor legislativo de dos ex miembros del Comité de Medios y Arbitrios de la Cámara de Representantes (House Ways and Means Committee) en el Congreso de Estados Unidos. Es abogado y trabajó durante tres años en el sector privado.

$\rightarrow$

Michael Hartman es Vicepresidente Senior y Asesor Legal de **DIRECTV Latin America,** en donde se ocupa de los asuntos jurídicos y regulatorios. Anteriormente, el Sr. Hartman fue Asesor Legal de CycleLogic Inc. (ex StarMedia Network, Inc.) y asociado en el Departamento Corporativo de Debevoise & Plimpton. El trabajo del Sr. Hartman en América Latina ha abarcado desde los medios e Internet hasta el mercado de capitales y transacciones financieras de proyectos.

Pedro Pablo Hinojosa es Vicepresidente Ejecutivo de **Bolser Ltda.,** una empresa dedicada a brindar servicios de construcción a las industrias del petróleo, gas y minería en el Cono Sur de América del Sur. También es el CEO de Apolo Group, que tiene inversiones en operaciones mineras. En los últimos 25 años, el Sr. Hinojosa trabajó con negociaciones contractuales con empresas estatales y privadas. Es uno de los socios fundadores de la Cámara Boliviana de Hidrocarburos, una institución establecida en 1983 para abogar ante el gobierno por el estado de derecho y otros temas que afectan a los sectores del petróleo y del gas.

William Irwin es Gerente de Asuntos Gubernamentales Internacionales en la sede de Washington de **Chevron Corporation.** El Sr. Irwin coordina actividades en apoyo de los negocios internacionales de la empresa en la medida en que se relacionen con el Gobierno de Estados Unidos, los cuerpos diplomáticos, las Naciones Unidas y las asociaciones de comercio de Estados Unidos. Ocupó cargos en ingeniería, planificación estratégica y desarrollo comercial en todo el mundo. El Sr. Irwin es funcionario del Consejo de Negocios de Venezuela y es miembro del directorio de la asociación comercial entre Estados Unidos y Colombia.

Peter J. Johnson es socio de **Rockefeller Family and Associates** desde 1976. Trabajó con John D. Rockefeller III, Laurance Rockefeller y actualmente con David Rockefeller, como asesor en temas políticos, económicos y financieros. También es consultor de Rockefeller & Company, una empresa de inversiones de capitales privados. El Sr. Jonson se desempeña en la Junta Asesora del David Rockefeller Center para Estudios Latinoamericanos en la Universidad de Harvard y es miembro del consejo de administración de la Americas Society y del Council of the Americas.

James R. Jones es co-presidente y CEO de **Manatt Jones Global Strategies, LLC,** una firma asesora en negocios y marketing que opera principalmente en América Latina y tiene oficinas en Washington, Nueva York, Los Angeles, ciudad de México, y San Pablo. Antes de esto, fue embajador de Estados Unidos en México, Presidente y CEO de la *American Stock Exchange*, miembro del Congreso de Estados Unidos durante 14 años y Asistente en la Casa Blanca del Presidente Lyndon Johnson.

Maria M. Leggett es Asesora Legal para América Latina y Canadá para **McDonald´s Corporation.** Supervisa todos los asuntos legales en Canadá y 28 países en América Latina y el Caribe. Ha conducido la reestructuración y negociación de numerosas adquisiciones, fusiones, ventas, reestructuraciones, emprendimientos conjuntos y alianzas estratégicas en América Latina y Canadá. Es integrante de varias asociaciones de abogados y ha participado en distintos programas y campañas de beneficencia, incluyendo los programas de la Casa de Ronald McDonald.

Michele Levy es Directora Principal de Programas en la **Americas Society** y el **Council of the Americas.** Antes de ingresar a AS/COA, trabajó durante 11 años en JPMorgan Chase, tanto en su fusión y adquisiciones como en los equipos de capital de riesgo de U\$S 1 mil millones. En ese cargo realizó varios acuerdos importantes en América Latina.

Ambler H. Moss, Jr. es abogado del estudio **Greenberg Traurig, LLP** en Miami y Profesor de Estudios Internacionales en la Universidad de Miami. Es un ex negociador del Tratado del Canal de Panamá, Asistente Adjunto del Secretario de Estado para Relaciones del Congreso y fue Embajador de Estados Unidos en Panamá (1978–1982). Desde 1995 a 2000, el Sr. Moss integró el Comité Consultor de Estados Unidos y Panamá. Recibió condecoraciones de los gobiernos de Argentina, Cataluña, Panamá y España.

→

Porfirio Ramirez es socio en el Grupo de Servicios y Productos Financieros de **Alston & Bird LLP** en Nueva York. Se dedica a las operaciones financieras privadas internacionales y trabajó extensamente en asuntos transnacionales con clientes europeos y latinoamericanos, incluyendo instituciones financieras, empresas de capitales privados y gobiernos extranjeros. Integra la Junta Asesora de Nueva York del *Instituto Brasileiro de Direito Empresarial* (IBRADEMP).

Ana Cristina Gaspareto Macedo Salgado es Directora de Legales para América Latina de **Becton Dickinson Indústrias Cirúrgicas Ltda.** Anteriormente, trabajó como Abogada Asociada en el estudio jurídico brasileño Pinheiro Neto Advogados y como Asociada Extranjera en la sucursal holandesa del estudio jurídico británico Bird & Bird. Gaspareto publicó varios artículos en el *Latin American Law & Business Report* y *Latin American Lawyer*. Hace poco fue designada para integrar el Comité Político de la Cámara Estadounidense en Brasil.

Luiz A. Sette es Asesor Legal Asociado y está encargado de los Asuntos Jurídicos y Corporativos en América Latina y el Caribe para **Microsoft Corporation.** Brinda asistencia jurídica y asesoramiento estratégico a 21 subsidiarias de la región y sus líderes comerciales, y crea lazos con gobiernos, industrias y organizaciones de la comunidad. Ha sido un activo representante de Microsoft en foros externos. Antes de Microsoft, fue socio de Azevedo Sette Advogados en Brasil y trabajó como Asociado Extranjero en Simpson Thacher & Bartlett.

Alixandre Schijman es Directora Ejecutiva de Política Global de **Time Warner Inc.** y es responsable de asistir a todas las marcas de Time Warner que operan en Canadá y América Latina. Desempeñándose en Nueva York y Buenos Aires, su labor global se centra en la propiedad intelectual, temas impositivos internacionales y seguridad jurídica. Antes de Time Warner trabajó en AOL Latin America en donde fue Asesora Legal Adjunta. Integra por tres mandatos el directorio del Council of the Americas.

Lisa M. Schineller es Directora del Departamento de Calificaciones de Riesgo Soberano de **Standard & Poor´s**. Es responsable del análisis de riesgo soberano en el Grupo de América Latina y es la principal analista para Brasil, Ecuador y Panamá. También es Profesora Adjunta en la Facultad de Asuntos Internacionales y Públicos de la Universidad de Columbia. Antes de ingresar a Standard & Poor´s en 1999, trabajó en el Departamento de Finanzas Internacionales del Directorio de la Reserva Federal y fue economista en Exxon Company International.

Susan Segal fue elegida presidente y CEO de la **Americas Society** y del **Council of the Americas** en agosto de 2003 después de trabajar en el sector privado con América Latina y otros mercados emergentes durante más de 25 años. Antes de su actual cargo, fue socia fundadora de su propio grupo inversor y asesor centrado principalmente en América Latina y en el sector hispano de Estados Unidos. Anteriormente fue socia y Jefa de Grupo para América Latina de JPMorgan Partners/Chase Capital Partners en donde invirtió en diversos sectores y países además de ser pionera en las primeras inversiones en América Latina. Antes de ingresar a CCP fue Directora Ejecutiva Senior centrada en Mercados de Capitales y bancas de inversión en mercados emergentes en MHT/Chemical/Chase Banks.

Alfredo Timermans del Olmo es delegado de **Telefonica Internacional USA, Inc.** en los Estados Unidos desde 2005. Anteriormente, trabajó en el gobierno del Presidente José María Aznar, en donde se desempeñó como asesor senior del gabinete y como vocero asistente. En 1995, fue elegido concejal en Madrid. En 1993 fue designado CEO de la Fundación para el Análisis y los Estudios Sociales (FAES).

Armando Tirado es Asesor Legal para América Latina y el Caribe de **Tyco International.** Antes de ingresar a Tyco trabajó como Director y Asesor Regional para Ingram Micro, Vicepresidente y Asesor Legal de DHL Worldwide Express, Asesor Regional de FedEx Express, y Director de Legales del antecesor de AT&T Latin America. Ejerció el derecho durante 17 años y actualmente es Co-Presidente de la sección de Asesoría Corporativa de la Inter-American Bar Association.

$\rightarrow$

Thomas J. Trebat es Director Ejecutivo del Instituto de Estudios Latinoamericanos y su Centro de Estudios Brasileros en la **Universidad de Columbia**. Anteriormente, fue Director General y Jefe del equipo de América Latina en el desarrollo de Análisis Económico y de Mercado de Citigroup. Ingresó a Citicorp Securities en 1996 como jefe de Investigación de Mercados Emergentes. También trabajó en Bankers Trust, la Ford Foundation y Chemical Bank.

Ronaldo C. Veirano es Fundador de **Veirano Advogados,** uno de los principales estudios jurídicos de Brasil con oficinas en Río de Janeiro, San Pablo y otras cinco ciudades brasileñas. Durante su más de 40 años en ejercicio de la profesión representando a empresas multinacionales, trabajó extensamente en el área corporativa y de negocios. Su experiencia incluye inversiones en petróleo y gas, proyectos de infraestructura y energía. Está habilitado para ejercer en Brasil, Portugal y en el estado de Illinois.

Eduardo Vidal es Co-presidente del grupo de trabajo en América Latina de **Hughes Hubbard & Reed LLP** en Nueva York. Tiene experiencia en operaciones societarias internacionales, incluyendo ofertas en el mercado de capitales, fusiones y adquisiciones transnacionales, préstamos sindicados, y reestructuraciones financieras. Integra la "Expert Guide to the World's Leading Capital Market Lawyers" de *Euromoney* y la *Chambers USA* como reconocido abogado en finanzas corporativas de América Latina.

Observadores:

Barbara Shepard es Vicepresidente de Recursos Humanos y Relaciones con la Comunidad de **The Doe Run Company**. Antes de ingresar a Doe Run en 1997, Shepard ocupó diferentes cargos en las áreas de recursos humanos, legales y de administración de Gould, Inc., Todd Uniform y Laclede Steel. También es Presidente de la Business Health Coalition, presidente del directorio de la Missouri Mineral Education Foundation, integra el directorio del Minerals Information Institute, y es miembro de la Missouri Bar Association.

Matthew Winokur fue Director de Asuntos Gubernamentales y Regulatorios de **Philip Morris Latin America and Canada Inc.** Supervisó las relaciones gubernamentales de la empresa en países de América Latina y el Caribe. Durante su carrera en Philip Morris International y sus filiales, también trabajó en diferentes asuntos de política pública y comunicaciones en Asia, Europa y Estados Unidos.

Directores de proyecto:

Christopher Sabatini es Director Principal de Política en la **Americas Society** y el **Council of the Americas** y Editor en Jefe del periódico de políticas de AS/COA, *Americas Quarterly*. Desde 1997 al 2005, Sabatini fue Director para América Latina y el Caribe del National Endowment for Democracy. Desde 1995 al 1997 fue Becario de Diplomacia (Diplomacy Fellow) en la American Association for Advancement of Science, y trabajó también en el U.S. Agency for International Development´s Center for Democracy and Governance. Fue asesor del Banco Mundial y de la U.S. Agency for International Development y publicó numerosos artículos relacionados con América Latina, la democratización, la seguridad y defensa y los partidos políticos.

Jason Marczak es Director de Política en la **Americas Society** y el **Council of the Americas.** Anteriormente fue funcionario en el Centro para la Sociedad Civil de Compañeros de las Ameritas, en donde trabajó con la sociedad civil en procesos de políticas multilaterales y administró programas de desarrollo en todo el hemisferio. Desde 1991 al 2001, fue corresponsal legislativo para el Diputado estadounidense Sam Farr, con una cartera que incluía comercio, tecnología y pequeña empresa. Trabajó en la Andean Community General Secretariat y el National Endowment for Democracy.